bright
bazaar

WOHNEN MACHT GLÜCKLICH!

FOTOGRAFIE
ANDREW BOYD
REISEFOTOGRAFIE
WILL TAYLOR

WOHNEN MACHT GLÜCKLICH!

DAS WOHNBUCH VON BRIGHT BAZAAR

WILL TAYLOR

CALLWEY

Die Originalausgabe erschien 2014 unter dem Titel *Bright Bazaar* bei Jacqui Small
74–77 White Lion Street
London N1 9PF
Text © Will Taylor
Design und Fotografie
© Jacqui Small 2014

© 2014 der deutschen Ausgabe
Verlag Georg D. W. Callwey
GmbH & Co. KG
Streitfeldstraße 35
D-81673 München
www.callwey.de
E-Mail: buch@callwey.de

Bibliografische Informationen der Deutschen Nationalbibliothek
Die Deutsche Nationalbibliothek verzeichnet diese Publikation in der Deutschen Nationalbibliografie; detaillierte bibliografische Daten sind im Internet unter http://dnb.d-nb.de abrufbar.

ISBN 978-3-7667-2087-0

ÜBERSETZUNG AUS DEM ENGLISCHEN:
Brigitte Rüßmann und Wolfgang Beuchelt, Köln, für Textilien
REDAKTION UND SATZ: Textilien.
Lektorat und Producing Barbara Delius, Berlin
GESTALTUNG: Helen Bratby
UMSCHLAGGESTALTUNG: Herburg Weiland, München

Printed in China

FLORALE FANTASIE (Seite 1) Die frischen, rosa blühenden Blumen in der blauen Vase sind ein schwungvoller Akzent vor der limettengrünen Wand im Wohnzimmer von Raina Kattelson in den USA.

PRIVATGALERIE (Seite 2–3) Im Schlafzimmer eines Kopenhagener Industrielofts zieht eine Wand mit Drucken und Gemälden zum Thema Sport den Blick an.

Dieses Buch widme ich Toby und Gran, die mein Leben immer bunt gestalten, selbst wenn der Himmel grau ist.

★ BB ★ INHALT

EINLEITUNG 6

Ein Gentleman, süchtig nach Farben ...

In meinem Leben dreht sich alles um Farbe. Sie bringt Licht und Schatten, Tiefe und Spannung in den Alltag. Seien es die fröhlich gelben und blauen Briefkästen, die ich bei einem Kurztrip in Stockholm entdeckt habe, oder die leuchtend gelben Taxis, die aus der grauen Stadtsilhouette von New York hervorstechen – es sind immer die Farben, die mir in Erinnerung bleiben und die mich bei meiner Arbeit zu Farbzusammenstellungen inspirieren. Man kann mit Fug und Recht sagen, ich bin ein Farb-Junkie.

Während ich dies schreibe, sitze ich im Innenhof eines kleinen Chateaus in der Provence, in den die Abendsonne fällt. Die Sonnenstrahlen wärmen mir den Rücken, und nur das Summen der Bienen im Lavendel und das sanfte Plätschern eines Brunnens leisten mir Gesellschaft. Der schmiedeeiserne Gartentisch, an dem ich sitze, steht inmitten des lila Blütenmeers, das sich in der leichten Brise wiegt und einen wunderschönen Kontrast zum verwitterten und verblassten Ocker des alten Gemäuers hinter mir bildet. Ich genieße diese stillen Momente, in denen ich die Schönheit der Natur und ihrer Farben in mich aufnehmen kann. Dann fallen mir immer neue Farbpaletten ein.

Aber Farbe wirkt nicht nur an idyllischen Orten anregend auf mich, sondern sie spendet mir auch Trost in schweren Zeiten. Ich war gerade elf Jahre alt, als ich von einem Freund nach Hause kam und mein Vater uns ohne jede Vorwarnung und ohne Abschied verlassen hatte. Meine Welt stand plötzlich kopf, denn bis dahin waren wir eine glückliche Familie gewesen, mit fröhlichen Familienurlauben in Griechenland und Portugal, auf die auch meine liebe Oma mitkam, mit erwartungsfroh durchwachten Nächten im Zimmer meines Bruders, wenn wir zu Weihnachten darauf warteten, endlich um sechs Uhr am Fußende des Bettes meiner Eltern unsere Geschenke auspacken zu dürfen. Nun war alles anders. Ich musste schnell erwachsen werden.

Blicke ich heute zurück, so wird mir klar, dass ich schon damals Trost in Farben fand, wenn es mir auch nicht bewusst war. Wie mein erster erstaunter Blick auf das Azurblau des Mittelmeers oder die Behaglichkeit, die von dem safrangelb und orangefarben flackernden Feuer im Kamin am Weihnachtsmorgen ausging, so schenkten mir Farben auch in trüben Zeiten Freude. Wenn ich in meiner sonnenblumengelben Bettwäsche aufwachte und meine knallblauen Fensterläden aufstieß, erinnerte mich der Blick auf die üppig grünen Felder jenseits der Straße daran, dass ich in meinem Zimmer immer noch zu Hause war, so schwer die Zeiten auch sein mochten.

EIN FRÖHLICHER
FARBKLECKS IM
WINTERLICH BLASSEN
PARIS!

Ihre Erinnerungen sind der Schlüssel zu Ihrem ganz persönlichen Farbempfinden.

Mit Liebe erfüllt mich die Erinnerung an den Spaziergang, den meine Großmutter und ihr Hund Bruno am ersten Weihnachten ohne meinen Vater mit mir unternahmen, und an die Farben, die ich dabei sah. Da wir alle noch nicht recht mit der neuen Situation zurechtkamen, war es schön, einfach nach draußen an die frische Luft zu kommen. Die Farben, die mir auf diesem Spaziergang begegneten, haben sich tief in mein Gedächtnis eingebrannt: Wir bewunderten rote Beeren, die sich von der Winterlandschaft absetzten, und brachen Zweige ab, um meiner Mutter damit eine Freude zu bereiten. Eisigblauer Schnee knirschte wohlig unter unseren Schuhen, und kichernd kletterten wir über die verwittert-gelben, mit Raureif überzogenen Gatter auf den Feldern.

Auch heute noch bedeutet Farbe für mich nicht nur Freude, sondern auch Behaglichkeit: Trage ich eine Uhr oder eine Fliege in einer kräftigen Farbe, kann ich den Tag voller Elan angehen. Aber nichts geht über das Gefühl, in eine farbenfrohe Wohnung nach Hause zu kommen, die sich wirklich nach mir anfühlt. Und genau deshalb schreibe ich dieses Buch: Ich möchte Sie dazu ermuntern, Farbe im Alltag zu genießen und sie zu nutzen, um Ihr Zuhause so zu gestalten, dass es Ihnen entspricht. Farben sind etwas sehr Persönliches. Daher können sie uns auch helfen, uns wirklich zu Hause zu fühlen. Denken Sie einmal an wichtige Ereignisse in Ihrem Leben, wo Sie waren und was Sie getan haben. Vielleicht erinnern Sie sich an die Farben Ihres Hochzeitsstraußes, die Farbe Ihres ersten Autos oder die bunte Häkeldecke, die Sie als Kind immer begleitet hat. Woran auch immer Sie

denken, Ihre Erinnerungen sind der Schlüssel zu Ihrem individuellen Farbempfinden. Ich hoffe, dass ich Sie mit *Wohnen macht glücklich!* dazu anregen kann, Ihre persönliche Farbpalette zu entdecken und diese Farben zu nutzen, um Ihr Zuhause in einem Stil zu gestalten, der Ihre Persönlichkeit widerspiegelt.

Die drei Kapitel dieses Buches sollen Ihnen beim Finden Ihrer eigenen Farbpalette behilflich sein und möchten Sie mit einem Gefühl der Sicherheit ausstatten, wenn Sie Ihrem Zuhause durch Farben Ihren Stempel aufdrücken. Der erste Teil, „Farben sind unsere Freunde", führt Sie in den bunten Basar der Farben ein und zeigt Ihnen, wie Sie schnell und einfach Farbe ins Haus holen. Die vorgestellten Ideen können Sie sofort ausprobieren. Ähnlich wie bei einer neuen Liebe finden Sie auf jeder Seite etwas Neues über Ihre persönliche Beziehung zu Farben heraus. Dann folgt das Kapitel „Farbcocktails", in dem ich Ihnen Bilder, die mir als Anregung gedient haben, und inspirierende Räume aus aller Welt zeige, die in diesen Farben gestaltet sind. Dies soll Ihnen helfen, Ihre Lieblingsfarben zu entdecken und Farbwahrnehmungen aus Ihrem Alltag in schicke und faszinierende Farbarrangements umzusetzen. Im letzten Teil, „So kommt Farbe ins Haus", erfahren Sie, wie Sie jedem Raum mit etwas Farbe Ihre persönliche Handschrift verleihen können. Durch das gesamte Buch verstreut finden Sie „Wills Farbgeheimnisse" – kleine Schätze aus der Welt des Farbwissens, die ich Ihnen mit auf den Weg geben möchte. Und nun lassen Sie uns beginnen: Farbpinsel gezückt, jetzt sind Sie an der Reihe!

Will Taylor

FARBEN SIND UNSERE FREUNDE

RUNDUM BUNT

Sie sind noch unentschieden, ob Sie Ihr Zuhause wirklich bunt gestalten möchten, oder wünschen sich ein paar Farbtupfer in dem einen oder anderen Zimmer, wissen jedoch nicht recht, wo Sie anfangen sollen? Dann lassen Sie sich von diesem Kapitel in den Dekoransatz von *Wohnen macht glücklich!* einführen und sich zeigen, wie Sie selbstbewusster mit Farbe umgehen. Lernen Sie, wie Sie mit wenigen Handgriffen und Kniffen farbenfrohe Dekoideen umsetzen können, die Ihre Räume zum Hingucker machen. Ob Sie die Eingangstür in Ihrer Lieblingsfarbe streichen oder einem abgenutzten Möbelstück mit Farbe neues Leben einhauchen – mit den Ideen auf den folgenden Seiten können Sie sich an eine freundliche, farberfüllte Gestaltung Ihrer vier Wände herantasten.

Wenn ich etwas Neues ausprobiere, gehe ich es auch lieber mit Bedacht an, und alle, die ich über die Jahre zur Farbe „bekehrt" habe, berichten, dass auch sie zunächst eher vorsichtig mit Farben experimentiert haben. Als ich mit dem Fotografen Andrew Boyd für dieses Buch in verschiedene Länder Europas und nach Amerika reiste, um Wohnungen auszustatten und zu fotografieren, erhielt ich oft einige Tage nach unserer Rückkehr eine SMS von ihm, seine Frau finde die Ideen spannend und wolle sie ausprobieren. Am Anfang unseres Projekts war ihr Haus farblich eher gedeckt gehalten, am Ende hatten sie die Esszimmerstühle in verschiedenen Farben gestrichen, die Vorhänge ausgetauscht und die Böden weiß lackiert, um die neuen Farben besser zur Geltung zu bringen. Warum sollten also nicht auch Sie Spaß an Farbe bekommen? Sie werden ihr schneller verfallen, als Sie vielleicht denken …

SKANDINAVISCH BUNT Ein paar bunt angestrichene Stühle, farblich sortierte Bücher und pastellfarbene Kissen verleihen diesem norwegischen Esszimmer seine helle und freundliche Atmosphäre.

IN ZEHN SCHRITTEN
ZU EINEM GUTEN FARBGEFÜHL

Manchmal scheint es uns, als sei das Dekorieren mit Farben von so vielen Entscheidungen und Regeln geprägt, dass wir es lieber einem Profi überlassen sollten. Hatten Sie dieses Gefühl auch schon einmal? Ich verspreche Ihnen, dass dieses Buch Sie mit dem nötigen Wissen und dem Handwerkszeug dafür ausstattet, dass Sie Ihrem Heim durch Farbe erfolgreich Ihre persönliche Note geben können. Bevor wir uns also dem erfolgreichen Dekorieren mit Farbe widmen, lassen Sie uns kurz zehn einfache und schnelle Wege erkunden, wie man Sicherheit im Umgang mit Farbe erlangt.

★ **LASSEN SIE DIE BEDENKEN VOR DER TÜR** Dekorieren mit Farbe macht nicht nur Spaß, sondern es entstehen dadurch Räume, die von Ihrer Ideenwelt und Ihrer Persönlichkeit zeugen. Schon möglich, dass Ihnen auch einmal Irrtümer unterlaufen – aber Sie werden staunen, wie viel Sie daraus lernen können! Nehmen Sie die Herausforderung an und genießen Sie eine neue Beziehung zu Farben.

★ **NEHMEN SIE SICH ZEIT** Sie müssen nicht alle Farben auf einmal auswählen. Bevor Sie mit der Umgestaltung beginnen, finden Sie erst einmal heraus, welche Farben Sie ansprechend finden. Auf diese Weise können Sie nach und nach Ihre persönliche Farbpalette definieren, ohne „aufs Geratewohl" loszudekorieren. Wenn Ihnen bestimmte Farbtöne zusagen, üben Sie den Umgang damit ein, indem Sie mit diesen beginnen und, davon ausgehend, ein neues Wohndekor entwickeln.

★ **VERTRAUEN SIE IHREM GEFÜHL** Denken Sie immer daran, dass Farben letztlich ein privates Element der Einrichtung sind. Lassen Sie sich nicht von Trends oder der Wohnung der Nachbarn von Ihrem Weg abbringen. Natürlich können Sie Anregungen und Ideen aufgreifen, aber fühlen Sie sich nicht an aktuelle Moden gebunden, sondern passen Sie sie Ihrem persönlichen Stil an.

★ **FINDEN SIE EINEN AUSGANGSPUNKT** Wenn Sie sich Ihrer Lieblingsfarben schon sicher sind und nur noch nicht wissen, wo Sie anfangen sollen, dann suchen Sie sich ein Element im Raum, das dann für den Rest des Dekors und der Farbpalette den Ton angibt. Dieses Element kann alles Mögliche sein, vom Teppich bis hin zur kleinen Vase.

★ **LEGEN SIE IHREN ENTWURF FEST** Sobald Sie die Farben identifiziert haben, die Sie mögen, entscheiden Sie, wie Sie sie einsetzen möchten. Wenn Sie wissen, ob Sie mit Kontrasten, abgestuften Tönen oder einer harmonischen Palette arbeiten wollen, fällt die Farbauswahl leichter.

ROMANTISCHER KAMIN In diesem Landhaus im US-Bundesstaat New York bilden blaue Kacheln und limettengrüne Wände einen schönen Kontrast, der den alten Holzofen einrahmt. Flohmarktfunde sind ein charmantes Dekor, Diskokugel und Taubenlampe steuern eine humorvolle Note bei.

VERLASSEN SIE SICH AUF IHR KÖNNEN Mag sein, dass Sie beim Einrichten mit Farbe noch keine Übung haben. Dann denken Sie an Bereiche, in denen Sie sich sicher fühlen – ob Sie nun ein besonderes Gespür für modische Kleidung haben oder souverän ein köstliches Menü auf den Tisch zaubern. Auch dabei stellen Sie schließlich Farben zusammen! Beobachten Sie, wie Sie hier vorgehen, und übertragen Sie dieses Farbgespür. Schließlich sind die Grundlagen der Farbkombination immer dieselben.

PLANEN, JAGEN, SAMMELN Sicherlich fahren Sie nicht in den Urlaub, ohne sich vorher Informationen über Ihr Ziel und die Sehenswürdigkeiten dort zu besorgen. Gehen Sie genauso vor, wenn Sie neue Farben in Ihrem Zuhause planen. Nehmen Sie sich Zeit dafür, Ausschnitte, Muster und Bilder zu einem Moodboard zusammenzutragen, auf dessen Grundlage Sie Ihre persönliche Farbpalette entwickeln.

UNTERTEILEN SIE DEN RAUM Auch wenn die Farbe die Gesamtwirkung des Zimmers bestimmen soll, kann es hilfreich sein, es zunächst in verschiedenen Abschnitten zu betrachten. Wie eine Farbe im Raum wirkt, können Sie beispielsweise gut ausprobieren, indem Sie Ihr Sofa mit bunten Kissen oder Überwürfen schmücken. So testen Sie den Effekt gewissermaßen unverbindlich. Durch diese Methode finden Sie größere Sicherheit im Umgang mit Farben und können Farbentscheidungen gezielter treffen.

BEGINNEN SIE KLEIN Auch wenn Sie versucht sind, gleich die gesamte Küche oder das ganze Wohnzimmer neu zu gestalten, ist es manchmal besser, mit kleineren Räumen zu beginnen, um den Einsatz von Farben einzuüben. Flur, Gästebad oder Gästezimmer sind ideale Einstiegsprojekte.

EIN BLICK AUFS LICHT Die Lichtverhältnisse haben den größten Einfluss darauf, wie die von Ihnen gewählten Farben im Endeffekt wirken. Die Faustregel lautet: In nach Norden liegenden Räumen sollten warme Farben das kühle Licht abmildern. In nach Süden gelegenen Räumen sind hellere Farbtöne das Beste, um die Lichtausbeute optimal zu nutzen. Lassen Sie sich von dieser Regel aber nicht einschränken und denken Sie daran, dass Sie jede Farbe auch in unterschiedlichen Schattierungen nutzen können.

LEUCHTENDES MESSING
Mit verspielten Elementen und opulenten Metallicfarben betont Jonathan Adler in seinem Wohnzimmer auf Shelter Island die Farben seiner türkis und olivgrün gepolsterten Warren-Platner-Sessel.

TRAUM IN TÜRKIS (linke Seite) Das leuchtende Blau dieser Eingangstür im Bundesstaat New York ist ein Vorgeschmack auf die kräftigen Farbtöne, die den Besucher im Haus erwarten. Die bunt bestückten Blumentöpfe steuern Akzentfarben bei.

LEIDENSCHAFTLICHES LILA (rechts) Violett und kräftiges Rot ergeben eine intensive, ja feurig-leidenschaftliche Farbkombination. Eine Türeinfassung in einer Akzentfarbe hebt die Tür hervor und wirkt als Blickfang.

KLASSISCHE KOMBINATION (unten) Die zeitlose Kombination aus Blau und Weiß an dieser Eingangstür in Australien erinnert an kühle Küstenlandschaften. Die große Hausnummer setzt sich grafisch davon ab.

WILLS FARB-GEHEIMNIS

Bevor Sie eine neue Türfarbe probieren, streichen Sie die Laibung oder Teile der umgebenden Wand in einer kräftigen Farbe. Betrachten Sie Ihr Werk dann aus etwas Abstand. Leben Sie ein paar Tage mit dem Ergebnis und entscheiden Sie sich erst dann definitiv für die Komplementär- oder Kontrastfarbe, in der Sie die Tür streichen.

HAUS-TÜREN

BLICKFANG UND VISITENKARTE

Die Redewendung „Der erste Eindruck zählt" gilt auch für unser Zuhause. Vom Postboten bis hin zu den besten Freunden – alle bilden sich beim Betreten unseres Heims eine Meinung. Warum also nicht ein klares Zeichen setzen, schon bevor der Besuch durch die Tür tritt? Sind Sie ein unternehmungslustiger Stadtmensch, der gern bis in die frühen Morgenstunden feiert? Dann begrüßen Sie Ihre Gäste doch mit einer leuchtenden Farbe wie Sonnenblumengelb oder Korallenrot. Pflegen Sie einen eher ruhigen Lebensstil, sind gedeckte Töne wie Olivgrün oder Petrol womöglich passender. Für welche Farbe Sie sich auch entscheiden, wählen Sie nicht Braun! Ihre Haustür soll schließlich Ihnen entsprechen und nicht den Nachbarn.

3

DREI IDEEN FÜR TRAUMHAFTE TREPPEN

Die Treppe ist immer ein Übergangsbereich, den man auch genießen kann, während man sich zwischen den Etagen bewegt. Sie bietet die ideale Gelegenheit, mit ein paar Gestaltungsideen zu experimentieren. Mit diesen Tipps können Sie ein tolles Treppenhaus kreieren, das auch Ihre Gäste erfreut:

INS BLAUE (links) Die Besitzerin dieser Glasgower Wohnung zeigt ihre Liebe zu Blau, indem sie die Stoßstufen ihrer Treppe mit den Namen verschiedener Blautöne verziert hat.

STARKE STUFEN (rechts) Diese kräftig orangefarbenen Trittstufen in einem schwedischen Landhaus greifen den Ton der blasseren Fliesen im Eingangsbereich auf.

KÜHLER KONTRAST (rechte Seite) Der schwarze Handlauf bildet einen starken Gegensatz zum Weiß der Treppe und Wände in diesem norwegischen Haus. Das Spannungsverhältnis wird durch die pastellfarbene Kommode zusätzlich unterstrichen.

★ **SPROSSENSPEKTRUM** Mit nur einem Spritzer Farbe erzielen Sie einen tollen Farbeffekt: Streichen Sie die Stäbe des Geländers in Ihrer Lieblingsfarbe. Sie können aber auch einen Schritt weitergehen und die Farbe jeder Sprosse leicht abtönen. Dann erhalten Sie einen Farbverlauf. Einen auffälligeren Effekt erzielen Sie, wenn Sie nur den Handlauf in einer kräftigen Farbe streichen.

★ **TYPOGRAFISCHER TOUCH** Nutzen Sie die Bauweise Ihrer Treppe: Verzieren Sie beispielsweise die Stoßstufe mit Zahlen oder Wörtern. In verschiedenen Schattierungen Ihrer Lieblingsfarbe gehalten oder beispielsweise mit den Glückszahlen aller Familienmitglieder verziert, wird die Treppe ganz bestimmt zum Gesprächsthema, wenn Besuch da ist.

★ **ABSOLUTER SELBSTLÄUFER** Wenn Sie die Böden in Ihren Räumen insgesamt lieber neutral halten, kann eine Abweichung davon auf der Treppe zum stilistischen Highlight werden. Ein bunt gestreifter Läufer, der sich mittig die Treppe hinaufzieht, macht jeden Schritt zum freudigen Ereignis und das Treppensteigen weniger zur mühsamen Übung.

Velkommen

Gul
Turkis
Rosa
Blå
Lilla

SENSATIONELLE STREIFEN
(links) Die Balkontüren in meinem Schlafzimmer sind recht schmal. Deshalb habe ich hier vertikal gestreifte Vorhänge drapiert, die selbst im geöffneten Zustand die Tür- und Raumhöhe betonen.

KÜHNER KONTRAST
(rechte Seite, links) Dem weißen Sessel in meinem Wohnzimmer habe ich mit einem gestreiften Sitzkissenbezug neues Leben eingehaucht. Ein gepunktetes Kissen sorgt für einen schicken Kontrast.

BETÖREND BLUMIG
(rechte Seite, Mitte) Eine Vintage-Blumentapete verleiht diesem schwedischen Schlafraum femininen Charme, und sie dominiert den ansonsten schlicht gehaltenen Raum.

GRANDIOS GRIFFIG
(rechte Seite, rechts) Mir ist wichtig, dass ein Schlafzimmer alle Sinne anspricht. Mein Londoner Schlafzimmer ist daher eine einzige taktile Erlebnislandschaft mit einem Juteteppich, einem gehäkelten Hockerbezug und Leinenvorhängen.

Das traumhafte TRIO

FARBEN, STOFFE, MUSTER

Hat es jemals ein überzeugenderes Beispiel dafür gegeben, dass aller guten Dinge drei sind, als diese drei Elemente, die allen Einrichtungsideen zugrunde liegen? Wann immer man Farben, Stoffe und Muster miteinander kombiniert, entsteht etwas Magisches. Die Farbe eines Raumes gibt die Grundstimmung vor – sie schafft eine anregende oder aber ruhige Atmosphäre. Sodann sorgen Stoffe für die Variation von Oberflächen. Ein grober Leinenüberzug auf einem Sofa lässt an luftige Sommertage denken, ein Kaschmirüberwurf hat etwas Luxuriöses. Und schließlich verleihen Muster dem Raum Tiefe, denn sie ziehen den Blick an und lenken ihn in eine bestimmte Richtung. Nicht immer werden alle drei Elemente benötigt – aber gut kombiniert, kann dieses Trio so manches Gestaltungsproblem lösen. Hier einige Ideen zum Ausprobieren:

★ **OPTISCHE TÄUSCHUNG** Sie können einen Raum höher erscheinen lassen, indem Sie vertikal gestreifte Vorhänge aufhängen. Der Effekt ist umso eindrucksvoller, wenn die Vorhänge bis zum Boden reichen, selbst bei halbhohen Fenstern. Quer gestreifte Tapeten hingegen lassen einen Raum deutlich breiter erscheinen, als er tatsächlich ist.

★ **LUFT NACH OBEN** Streicht man die Zimmerdecke in einer Farbe, die mit der Wandfarbe harmoniert, fällt der Übergang zwischen Wand und Decke weniger stark ins Auge, und so erscheint die Decke höher.

★ **KLEINE AUFMUNTERUNG** Einem schlichten weißen Sessel können Sie ein modisches Update geben, indem Sie das Sitzkissen in einen bunt gestreiften Stoff hüllen. Dazu passt ein weiteres mit Punkten. Da es sich nur um einen kleinen Bereich des Zimmers handelt, können Sie die beiden Muster ohne Weiteres kombinieren – eine einfache Methode, allzu schlichte Zimmerecken zu beleben.

Beim Anstrich von Möbel-
stücken erzielen kalkhal-
tige bzw. Kreidefarben
das beste Ergebnis und
sie benötigen kaum Vor-
bereitung. Bei seiden-
matten Farben muss die
Oberfläche zuvor gründ-
lich gereinigt werden.

AKZENT IN NEON
(links) Der aus der Schub-
lade des roten Schrankes
hängende, neongelbe
Schal sorgt für einen Ausgleich der Farbakzente
und schlägt eine Brücke
zum Bild an der Wand.

LESEECKE (rechte
Seite, oben) Ein lackier-
ter Schrank, ein Eames-
Schaukelstuhl und der
orangefarbene Korb
bilden eine gemütliche
Leseecke.

FARBE UND PAPIER
(rechte Seite, links un-
ten) Dank der Verzierung
der Schubladenfronten
mit Farbe und Tapete er-
strahlt die Kommode in
neuem Glanz.

FARBLICH ÜBERHOLT
(rechte Seite, rechts
unten) Etwas grüne
Farbe verleiht dem
Hocker neues Leben.

BUNTE MÖBEL

Auch ohne große Investitionen in neue Möbel oder Accessoires lässt sich Farbe ins Haus holen. Mit einem Topf Farbe und ein paar Tricks sind vorhandene Möbel ganz einfach zu erneuern. Schon eine Farbschicht kann ein abgenutztes Stück zum Star des Wohnzimmers machen oder ein allzu schlichtes zu einem aufregenden Unikat werden lassen. In einer kräftigen Farbe belebt ein Sideboard jedes Wohnzimmer und jeden Flur, während ein alter Hocker vom Sperrmüll, den Sie grün anstreichen und dann mit Schleifpapier bearbeiten, einen nostalgischen Vintage-Look erhält. Bei kleineren Gegenständen wie den hier gezeigten können Sie sich auch für kühlere Farben entscheiden. Probieren Sie es einfach aus. In wenigen Stunden können Sie so die Atmosphäre in einem Zimmer völlig verändern.

EIN ZARTER HAUCH Manchmal sind es kleine Dinge, die große Unterschiede bewirken. In diesem skandinavischen Esszimmer setzt der zarte hellblaue Anstrich den Hängeschrank von der weißen Wand ab.

KÜNSTLICH GEALTERT (rechte Seite) Durch den verwitterten Look des grünen Anstrichs fügt sich dieses Sideboard wunderbar in die etwas grobe, industrielle Ästhetik eines Lofts in Kopenhagen ein.

HARMONISCHE STÜHLE
(diese Seite) Die alternierend farbigen Bezüge dieser Warren-Platner-Stühle verleihen Jonathan Adlers Wohnzimmer auf Shelter Island eine jugendliche Atmosphäre und sind ein witziger Akzent.

BLICKFANG IN ORANGE
(rechte Seite, oben) Die vier orangefarbenen Stühle um den Esstisch mit Kreidetafelplatte lenken die Aufmerksamkeit auf die Küchenecke.

PURPURNE PRACHT
(rechte Seite, links unten) Das tiefe Purpurviolett dieses Sessels ist ein ruhiger Punkt im Streifenmeer des Teppichs. Kissen- und Lehnenbezüge stellen eine enge Verbindung zum Boden her.

SITZ MIT LEUCHTKRAFT
(rechte Seite, rechts unten) Dieser Beistellsessel in Mittelblau schlägt eine Brücke zu den Kunstwerken an der Wand im Wohnzimmer dieses spanischen Bauernhauses.

FARBFREUDIGE STÜHLE

Erst bei der Arbeit an diesem Buch wurde mir bewusst, wie stark Sitz-
gelegenheiten Räume bestimmen. Ob Esstischstühle, Schreibtischstuhl, der alte Hocker, der zum Nachttisch umfunktioniert wird, oder
die diversen Sitzmöglichkeiten im Wohnzimmer – sie alle tragen
wesentlich zum Raumeindruck bei. Dabei erkannte ich auch, auf wie
viele Arten man Sessel, Sofas und Stühle nutzen kann, um eine Farb-
gestaltung umzusetzen. Ein Farbschema lässt sich ausgezeichnet von
Stühlen ausgehend aufbauen, etwa von bunt gestrichenen Esszimmer-
stühlen oder Retrosesseln vom Flohmarkt, denen man einen bunten
Bezug verpasst. Ein Beistellhocker bietet zudem die Möglichkeit, eine
herausstechende Farbnote in einen ansonsten farblich durchgestylten
Raum einzubringen, während mehrere gleichfarbige Stühle, etwa um
einen Esstisch gruppiert, ihrerseits einen Blickfang bilden.

Farb-
IDEEN

Die bunten Stühle heben den weißen Tisch hervor und machen ihn zum visuellen Fokus des Essbereichs.

ERFRISCHEND! Mit bunt lackierten Stühlen um einen weißen Tisch wird der Essbereich im offenen, weiß gehaltenen Wohnbereich zum optischen Zentrum dieses skandinavischen Hauses.

VIER WEGE ZUR PERFEKTEN LAMPE

Eine schicke Lampe ist eine weitere einfache Maßnahme, um einem Raum das gewisse Etwas zu verleihen. Ob hängend oder an der Wand montiert: Erst durch eine kräftige Farbe wird eine Leuchte wirklich zum Protagonisten eines Raumes. Das Dekor eines Zimmers entwickelt sich über längere Zeit. Beim Umdekorieren ist es wichtig, die Lampen in das neue Raumkonzept einzubeziehen. Dabei dürfen es durchaus die Lampen sein, die Sie schon besitzen. Alte Modelle lassen sich oft sogar leichter dem neuen Farbkonzept anpassen. Sprühlack modernisiert eine in die Jahre gekommene Metalllampe von jetzt auf gleich, und wenn Sie schon dabei sind, können Sie auch die Schirme von Steh- oder Tischleuchten mit passenden Stoffen neu beziehen. Doch wofür Sie sich auch entscheiden – wenn Sie in kräftigen Farben schwelgen, haben Ihre Räume in jedem Fall eine strahlende Zukunft!

★ **GENIALE GELENKLAMPE** Die altgediente Gelenklampe ist nicht nur eine praktische Arbeitsleuchte, darüber hinaus ist ihre Form sehr elegant. Mit einem schnittigen, matten Blauton können Sie das einzigartige Design dieser Art von Tischlampe optimal zur Geltung bringen.

★ **RUNDUM RETRO** Wenn Sie Ihrer Raumgestaltung ein paar kleine Retroelemente beimischen wollen, ist eine Tischlampe aus den 1960er-Jahren mit ihrem anmutigen Charme genau das Richtige. Die wunderbar geschwungene Form der Lampe tritt noch besser hervor, wenn ihre Farbe an die der Wandgestaltung angelehnt ist.

★ **HIPPE HÄNGELAMPE** In meinen Augen verlangen ganz in Weiß gestrichene Räume immer nach einem Farbtupfer. Er muss gar nicht besonders groß sein. Schon eine knallig gefärbte Plexiglas-Hängelampe in der Deckenmitte sorgt für einen interessanten Akzent.

★ **MAGIE IN METALL** Ein Lampenschirm aus glänzendem Metall ist die ideale Wahl, wenn ein Raum bereits in kräftigen Tönen gestaltet ist. Von der reflektierenden Oberfläche strahlt das Licht in alle Richtungen ab, was dem Raum eine Spur Glamour verleiht.

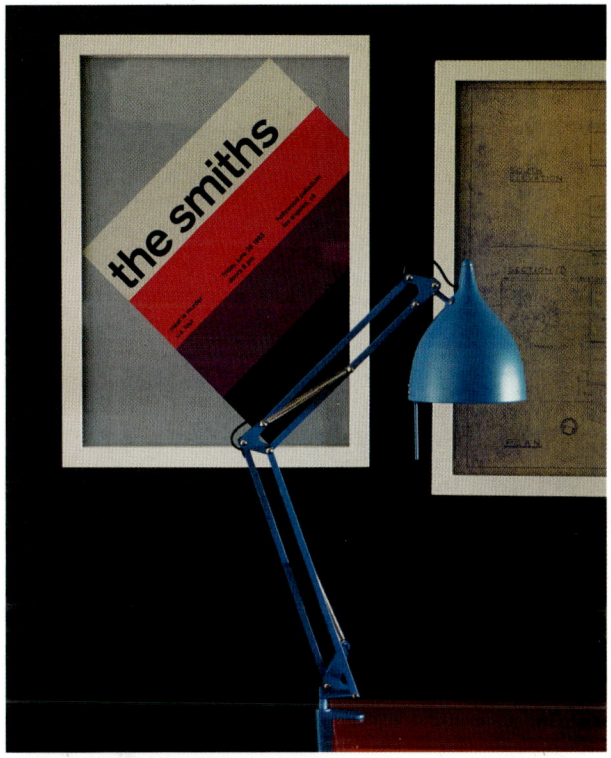

FORM UND FUNKTION Die blaue Gelenklampe lässt sowohl die elegante als auch die praktische Seite dieses kleinen Schreibtischs in einem Wochenendhaus in New York zur Geltung kommen.

FARBENFROH UND FORMSCHÖN Die kurvenreiche Form der Tischlampe aus den 1960er-Jahren verleiht diesem Homeoffice voller Flohmarktfunde Retrocharme.

AUFGESCHAUT In diesem ansonsten in neutralem Weiß gehaltenen Wohnzimmer in den Niederlanden stellt die knallrosa Plexiglaslampe einen kräftigen Farbtupfer dar und hat etwas Verspieltes.

SILBERFARBENER GLANZ Die Nachttischleuchte mit metallenem Lampenschirm fungiert in diesem Schlafzimmer in den Niederlanden als glamouröses i-Tüpfelchen.

FARBCOCKTAILS

Mein Haus ist voller bunter Arrangements für gute Laune.

IHRE PERSÖNLICHE FARBPALETTE

Was Sie gerne essen oder trinken, welche Musik Sie mögen und wie Sie sich kleiden – all das sagt viel über Ihre Persönlichkeit und Ihre Lebensweise aus. Sehen Sie Ihre Wohnung in diesem Sinne als eine weiße Leinwand, der Sie mit Farben Ihren Stempel aufdrücken können. Ich finde, das Gestalten der eigenen vier Wände darf auch Spaß machen. Es sollte etwas sein, auf das man sich freut – wie die Happy Hour in der Cocktailbar am Ende einer langen Arbeitswoche. Ist die Cocktailkarte jedoch so dick wie ein Roman, fühle ich mich überfordert und frage einfach den Barkeeper, was er mir empfiehlt. Genauso geht es mir im Einrichtungshaus oder im Baumarkt, wenn ich auf den vielen Farbfächern zwischen Hunderten von Farbtönen und -schattierungen auswählen soll.

Deshalb habe ich dieses Kapitel so konzipiert, dass es Sie dabei unterstützt, die Farben zu finden, die Ihnen am besten gefallen, und Ihnen zeigt, wie Sie eine Farbidee sinnvoll in ein komplettes Raumkonzept umwandeln können. Hier erfahren Sie, wie Sie unterschiedlich kräftige Farbschattierungen optimal kombinieren. Genau wie Mixgetränke lassen sich auch Farben ganz nach dem eigenen Geschmack zusammenstellen. Ob Sie Ihren Farbcocktail nun so belebend und kräftig mögen wie Ihren Lieblingsdrink oder eher milder – die Farbkombinationen auf den folgenden Seiten möchten Sie dazu anregen, Farben nach Ihrem Geschmack zu Ihrer ganz persönlichen Palette zu arrangieren.

Blumen sind einfach ideal, um damit neue Farbkombinationen zu testen. Lassen Sie sich von einem herrlichen Strauß oder von einem Blumengemälde inspirieren. Wenn Ihnen die Blütenfarben gefallen, können Sie sie in Ihr Raumkonzept aufnehmen.

AUF DEM SIDEBOARD
in meinem Londoner Wohnzimmer steht ein ständig wechselnder Mix aus Vasen, Drucken, Büchern und frischen Blumen.

IDEEN FINDEN

Die beste Methode, um die eigenen Vorlieben kennenzulernen, ist es, darauf zu achten, welche Farben immer wieder anziehend auf uns wirken. Wir treffen ständig Farbentscheidungen, ohne dass uns bewusst ist, dass wir bestimmten Tönen gegenüber anderen den Vorzug geben. Wie aber kommen Sie sich dabei selbst auf die Spur? Schauen Sie zum Beispiel einmal Ihre Urlaubsfotos durch oder auch die Schnappschüsse vom letzten Wochenendspaziergang. Stellen Sie Ihre Lieblingsfotos zusammen und achten Sie darauf, ob sich ein bestimmtes Farbthema durch alle Fotos hindurchzieht. Dann durchstöbern Sie Wohnmagazine und Musterkataloge von Stoffherstellern und setzen dann mit Ausschnitten und Stoffproben ein Moodboard zusammen, das farblich zu Ihren Fotos passt. Denken Sie dabei gar nicht weiter über die Kombination auf dem Moodboard nach, sondern verlassen Sie sich ganz auf Ihren Instinkt. Die Farbzusammenstellung, die sich in diesem kreativen Prozess herauskristallisiert, ist Ihre individuelle Farbpalette. Auf den folgenden Seiten können Sie sehen, dass ich selbst auch mit dieser Methode arbeite. Als Auftakt zu jedem Farbcocktail stehen Bilder, die mich inspirieren, Erfahrungen und Erinnerungen, die ich mit einer bestimmten Farbkombination verbinde, sowie ein Moodboard, das ich speziell dafür arrangiert habe, um es in ein Raumdekor zu verwandeln. Hinzu kommen Bilder aus Wohnungen in aller Welt, inklusive meiner eigenen, die zeigen, wie diese Farben eingesetzt werden können, um stilvolle Räume voller Persönlichkeit entstehen zu lassen.

LEUCHTEND BUNTE BLÜTEN Diese Bougainvillea mit ihren leuchtenden Blüten an der Fassade eines Hauses in Spanien sind ein gutes Beispiel dafür, in welcher Weise meine Urlaubsfotos mich zu neuen Farbpaletten inspirieren.

Zu allen hier vorgestellten Farbcocktails haben mich Urlaubsfotos inspiriert – so auch dieses Bild von der leuchtend rosafarbenen Bougainvillea in Spanien. Ich fand es so großartig, dass ich es gerahmt und in meinem Schlafzimmer aufgehängt habe.

Sonnengelb
UND
LACHSROSA

FRÖHLICHE BONBONFARBEN

BETÖREND BALEARISCH

Im Sommer 2012 reiste ich auf der Suche nach Farbinspirationen auf die Balearen. Ich ließ Laptop und Handy zehn Tage lang ausgeschaltet und wanderte, nur mit meiner Kamera bewaffnet, durch die Straßen der alten Städtchen. Entspannt wie seit Jahren nicht mehr, genoss ich den Anblick der bunten Fassaden, die in sonnigen Pastelltönen und kräftigen Farben gestrichen waren. Je weiter ich herumkam, desto deutlicher zeichnete sich eine klare farbliche Vorliebe ab: Viele meiner Fotos zeigten gelbe und rosafarbene Gebäude Seite an Seite. Leuchtkraft und Energie dieser Komplementärfarben zogen mich ganz offensichtlich an. Der freudestrahlende Optimismus des Gelb wurde durch das romantisch-sanfte Rosa hervorragend aufgefangen. Zu Hause wollte ich im Anschluss unbedingt mit dieser Farbkombination experimentieren. Dies war der Beginn meiner Liebe zu den fröhlichen Bonbonfarben.

FARB-
WILLS
GEHEIMNIS

Lassen Sie sich nicht entmutigen, wenn Sie den richtigen Farbton nicht auf Anhieb finden. Auch professionelle Designer machen mehrere Farbproben vor Ort, bevor sie sich entscheiden. Legen Sie Farbmuster an den Wänden an und beobachten Sie ein paar Tage lang, wie sie zu unterschiedlichen Tageszeiten wirken.

SPANISCH SPRITZIG
Der Mittelmeerraum sprüht nur
so vor Farbinspirationen, aber
nirgendwo geht es so fröhlich bunt
zu wie auf den balearischen Inseln.
Das Foto dieser pittoresken Fassaden habe ich in Mahón, der Haupt-
stadt von Menorca, aufgenommen.
Mir gefällt, wie es durch den
leuchtenden Anstrich gelungen ist,
diesen unverkennbar alten Häusern einen modernen Touch zu
geben.

FARBE UND TEXTUR HAND IN HAND

Ich beschloss, mein Gästezimmer in den fröhlichen Bonbonfarben zu gestalten, weil sie etwas Aufmunterndes haben und dabei dennoch ausgeglichen wirken. Durch leichtes Anschleifen der Farbe an einigen Stellen habe ich die kleine Kommode künstlich altern lassen. Durch diesen Kunstgriff wird die ansonsten etwas zu liebliche Farbkombination abgemildert. Das Wunderbare an Farbe ist ja gerade, dass sie durch die Verbindung mit anderen Aspekten wie etwa Textur immer wieder eine neue Anmutung erhält. Der Gegensatz zwischen der zitronen- und nelkenfarbenen Palette und der eher groben Oberfläche der Kommode prägt den Charakter des Raumes. Die Idee für diesen etwas verwitterten Look kam mir ebenfalls bei der Betrachtung des Fotos von den beiden alten Häusern auf Menorca (siehe Seite 41).

MOODBOARD

Diese vielseitige Farbpalette lässt sich unterschiedlich intensiv anmischen. In Pastelltönen wirkt sie zuckersüß, in Kreidetönen und in Kombination mit einer verwitterten Oberfläche mutet sie etwas cooler an.

Da ich mein Bücherregal innen weiß gestrichen habe, bietet es einen neutralen Hintergrund für die Bücher und Dekogegenstände in den Bonbonniere-Farben. Der gerahmte Fotodruck und der Wandbehang füllen leere Flächen farblich auf.

Geometrische Muster verleihen der zarten Farbkombination eine kräftige grafische Note.

FASZINIERENDER FILZ
Die bonbonfarbenen Filzpolster in diesem Haus auf Shelter Island zeigen bestens, wie sich mit Farben eine Verbindung zwischen einzelnen Raumelementen schaffen lässt.

ZWEI VARIANTEN IN BONBONFARBEN

★ **ZUCKERSÜSS** Diese Farbpalette hat immer eine verspielt-jugendliche Ausstrahlung, in welcher Intensität die Farben auch eingesetzt werden und ob sie nun in der lustig gestalteten Küche für einen frischen Touch sorgen oder ein wenig Leben in das durchgestylte Wohnzimmer bringen sollen. Anki Zilverblauw schenkt ihrer Küche in den Niederlanden mit den Bonbonfarben genau diesen Hauch Frische, indem sie ein zartes Pastellrosa mit einem Akzent in Kanariengelb kombiniert. Der Mix bestimmt das Raumkonzept insofern, als alle wichtigen Grundelemente wie der Kühlschrank in Rosatönen gehalten sind. Diverse leuchtend gelbe Einsprengsel haben etwas sehr Vitales in ihrer überwiegend in Pastelltönen gehaltenen Küche.

★ **GEZIELTE GEGENSÄTZE** Alternativ können Sie mit den Bonbonfarben fröhliche Akzente in ein eher elegant-zurückhaltendes Wohnzimmer bringen. Die Sitzkissen aus rosa und gelbem Filz um den freistehenden Kamin im Haus von Jonathan Adler und Simon Doonan auf Shelter Island lockern den eher strengen Eindruck des Betonbaus auf. Während sich die Bonbonfarben durchaus für kühne Farbstatements eignen, dienen sie in dem offenen Wohnbereich mehr als dezenter Farbtupfer für den im Mittelpunkt stehenden Kamin. Er ist ein so herausstechendes architektonisches Element, dass die Farbtupfer der Sitzkissen seine runde Form nur unterstreichen und noch besser zur Geltung bringen. Durch die Entscheidung für den zurückhaltenden, taktileren Filz wirkt das Farbkonzept eleganter als in der Küche rechts. Die verspielte Note, für die Jonathan so berühmt ist, kommt hier über die ausgefallene Vase voller kirschroter Pfingstrosen.

PFIFFIGES PASTELL Diese niederländische Küche ist ein Raum der Gegensätze. Dem schlichten, modernen Kaminofen wurde ein Kühlschrank in Pastellrosa und die leuchtend gelbe Trittleiter zugesellt. Die Tapete lässt das Ofenrohr hervortreten, das den Blick nach oben leitet und so für ein luftiges Raumgefühl sorgt.

PRALL GEFÜLLTE BONBONNIERE

Die Künstlerin Mariska Meijers ist alles andere als farbenscheu. Ihre Bilder und Textilien schwelgen in betörend leuchtenden Farben – ebenso wie ihre Wohnung in Amsterdam. In der Küche erstrahlen die fröhlichen Farben in voller Pracht und sorgen für ein intensives Farberlebnis. Rundum leuchten die Wände in einem glänzenden, lodernden Rosa und trennen die Küche als Farbfokus vom offenen Wohnbereich ab. Geradlinige, moderne Küchenmöbel stehen im geschmackvollen Kontrast zum antiken Esstisch, der durch einen ockerfarbenen Fellteppich Bodenhaftung erhält. Küchenutensilien in Kirschrot und Goldgelb setzen Farbakzente, während die knallroten Sitzkissen der Eames-Stühle eine Verbindung zu den Küchenwänden herstellen. Die intensiven Bonbonfarben sind hier auch deshalb so wirkungsvoll, weil die Bewohnerin bei den großen Einrichtungselementen vollständig auf Muster verzichtet hat. Zwei so intensive Farben nebeneinander brauchen Luft, und die lässt ihnen ein Hintergrund in einer ruhigeren Gestaltung. Doch auch ohne Muster drückt Mariska ihre fröhliche Persönlichkeit durch die Wahl der Farben aus und zeigt uns damit auch, welche Wirkkraft Farbpaare entwickeln können.

Ein kräftiges Pink eignet sich gut, um eine warme Note in einen hellen, luftigen Raum zu bringen, da es auch auf größeren Flächen weicher und nicht so hart und sperrig wirkt wie etwa Rot.

LIMETTEN-LUST

MIT VIEL SPASS AN DER FARBE ...

Viele Menschen lieben es, mit einem frischen Cappuccino im Café zu sitzen und in aller Ruhe die Passanten zu beobachten. Auch ich mag das sehr, halte in solchen Situationen aber weniger nach Menschen als nach Farben Ausschau. Wenn Sie mich auf einer Parkbank oder im Zug sitzen sehen, bin ich wahrscheinlich wieder einmal auf der Suche nach einer neuen Farbpalette. So war es auch, als ich letztes Jahr in einem kleinen französischen Straßencafé saß. Hier musste ich nicht lange warten, bis mir die Idee zu der Farbpalette Limetten-Lust kam. Das Café sah aus wie viele solcher Kaffeehäuser überall in Europa: Kleine runde Tische und Klappstühle waren entlang der Hausfassade und am Straßenrand aufgestellt. Obwohl alle Tische von bunten Stühlen umringt waren, fiel mir direkt das Paar aus einem limettengrünen und einem azurblauen Stuhl ins farbverliebte Auge. Es will schon etwas heißen, wenn einen inmitten eines Meeres bunter Farben eine ganz bestimmte Farbkombination anspricht. Und wenn sie „in der Praxis" gut wirkt, dann überzeugt sie mit Sicherheit auch in den eigenen vier Wänden. Wenn Sie also das nächste Mal im Café sind, schauen Sie sich einmal in Ruhe um, ob Ihnen eine neue Farbkombination begegnet ...

Wenn Sie sich bei einer Farbkombination nicht sicher sind, testen Sie sie doch erst einmal im kleinen Maßstab. Suchen Sie eine Vase in einem der gewünschten Farbtöne oder streichen Sie ein Gefäß darin und stellen Sie Blumen im zweiten Farbton hinein. Wenn Ihnen die Kombination nach ein paar Tagen noch gefällt, können Sie den Bereich, in dem Sie sie einsetzen, erweitern.

PERFEKTES PAAR Ein zufällig nebeneinander aufgestelltes Stuhlpaar in Grün und Blau in einem Café in Frankreich war der Ideengeber zu der Farbpalette Limetten-Lust.

Freudige Farben!

WILLS FARBINSPIRATION

B
X
B

BUNTES CAFÉ

LUST AUF LIMETTE Die limettengrünen Wände in diesem Wohnzimmer
auf dem Land in New York lassen die
Flohmarktfunde und dekorativ abgenutzten Möbel frischer erscheinen. Der
über die Armlehne drapierte türkisfarbene Schal setzt einen interessanten
Kontrast.

MOODBOARD

Bei dieser Farbkombination führen zwei Wege zum Erfolg: Entweder man setzt die Farbe großzügig auf großen Flächen ein und wählt Möbel und Accessoires in neutralen Farben, oder man macht Objekte in Limetten- und Türkistönen zum Hingucker in einem neutralen Raum.

Nutzen Sie die Oberflächen von Kommoden wie kleine Schaubühnen. Auf diesem Schrank von Raina Kattleson thront beispielsweise eine schicke Lampe zwischen Flohmarktfunden.

Testen Sie leuchtende Farbkombinationen wie diese mit ein, zwei Stücken wie einem Sofa und einer Bodenlampe.

FUNDGRUBE ESSZIMMER
Mit einem Bücherregal voller hübscher
Zufallsfunde hat Raine Kattleson ihren
Essbereich sehr wohnlich gestaltet. Die
Moooi-Hängeleuchte und die grün ge-
strichenen Esstischstühle grenzen diese
Zone optisch vom restlichen Raum ab.

OFFENE WOHNBEREICHE ÜBERZEUGEND GESTALTEN

Mit Farben lassen sich offene Räume wunderbar in einzelne Bereiche unterteilen, da sie als visuelles Signal für die unterschiedliche Nutzung einzelner Areale fungieren können. Die durchgängig limettengrünen Wände in diesem offenen Wohnbereich verknüpfen die Bereiche hingegen und lassen sie als Einheit wirken. Verschiedene Blautöne sorgen für eine angenehme Gliederung. Der Schrank und die ultramarin gekachelte Kaminwand lenken den Blick auf diese Raumhälfte und rücken sie ins Zentrum. Der graublaue Teppich bildet den farblichen Anker des Sitzbereichs, um den die Möbel der Wohnzimmerecke gruppiert sind. Harmonisierend wirkt die ebenfalls graublaue Heizung in diesem Bereich. Ein paar orangefarbene Accessoires sorgen für eine frische Note und stellen eine Verbindung zum lebhaften Limettengrün dar.

FARBEN GESCHICKT KOMBINIEREN

Dieses Farbduo verbreitet eine wohltuende und belebende Atmosphäre. Die Zitrusfrische des Limettengrüns wird durch die azurblauen Töne gemildert. Limetten-Lust ist der beste Beweis dafür, dass man auch zwei intensive Farben gut miteinander kombinieren kann, da sie einander ausgleichen. Der offene Wohnbereich in Raina Kattlesons Landhaus demonstriert diese Balance auf wunderbare Weise. Die limettengrünen Wände dienen als verbindendes Element und als Hintergrund für die verschiedenen Blautöne. Wenn eine Farbe die dominante Rolle übernimmt, kann die andere gezielt als ausgleichende Kraft eingesetzt werden. Im Essbereich sorgen blaue Vasen und Bücher im Regal für einen Ausgleich zu der frechen Wandfarbe. Die in einem kontrastierenden Hellgrün gehaltenen Esstischstühle heben den Tisch als zentrales Element in dieser Zone des offenen Wohnbereichs hervor. Die schlichte Moooi-Hängeleuchte sorgt für eine intime Atmosphäre am Esstisch, ohne mit den leuchtend farbigen Wänden zu konkurrieren.

BEISTELLTISCH-STILLLEBEN
Die türkise Vase springt vor der limettengrünen Wand ins Auge. Eine Mixtur aus glatten und rauen Oberflächen sorgt ebenfalls für Spannung.

WOHNLICH BUNT Die verschiedenen Blau- und Grüntöne dieses offenen Wohnbereichs in Kombination mit einladenden Textilien sorgen für ein großzügiges und zugleich gemütliches Raumgefühl.

Mit Farben lassen sich offene Bereiche gut gliedern.

IN FÜNF SCHRITTEN ZUR PERFEKTEN LIMETTEN-PALETTE

LEUCHTENDES MIAMI

Beth Arrowoods Haus in Miami wirkt wie eine tropische Dekorlandschaft, in der sie das Limetten-Farbspektrum voll ausschöpft. Es überrascht nicht, dass Beth für ihr Wohnzimmer einen gemusterten Teppich gewählt hat – schließlich ist sie die Begründerin der Teppichfirma NIBA aus Miami. Sie empfiehlt, bei der Gestaltung eines Raumes immer mit dem Teppich zu beginnen. Diese stringente Umsetzung des Farbschemas wirkt so harmonisch, weil fast die gesamte Einrichtung – vom Teppich über die Textilien bis zu den Möbeln – in Limettengrün und Türkis gehalten ist.

★ **BODENBELAG** Der Fußboden ist die bestimmende Fläche eines Raumes. Ein großer Teppich mit einem interessanten Muster in den Schlüsselfarben des gestalterischen Konzepts setzt den Grundton der Raumgestaltung.

★ **TEXTILIEN** Die zusätzliche Dekoration eines Raumes durch Textilien in gut abgestimmten Tönen sorgt für eine einladende Atmosphäre und unterstützt das Farbkonzept. Raumhohe Vorhänge fügen sich in die Farbpalette und dienen gleichzeitig als Blickfang.

★ **MUSTER** Kräftige, flächendeckende Muster verleihen einem Raum eine extravagante Note. Sie sollten aber im Farbschema bleiben – hier Limettengrün und Türkis –, um ein harmonisches Ganzes entstehen zu lassen.

★ **MOBILIAR** Die Möbel sind in der Regel die zentralen Elemente der Einrichtung. Daher eignen sie sich hervorragend, um einen Raum noch lebhafter zu gestalten. Hier können Sie weitere farbliche Akzente setzen, indem Sie beispielsweise den Sofabezug in einer Kontrastfarbe zur Wand oder den Vorhängen wählen.

★ **WIEDERHOLUNG** Für ein funktionierendes Zusammenspiel kräftiger Muster und Farben ist es wichtig, durch sich wiederholende Elemente für eine durchgängige Optik zu sorgen. Die identischen Beistelltische zu beiden Seiten des Sofas nehmen hier das Farbthema der Vorhänge und der Polsterkanten wieder auf.

MUSTERFANTASIE In diesem sonnigen Zimmer in Miami spielen das auffällige Dessin der Vorhänge und das Blumenmuster im Teppich durch den Gleichklang der Grüntöne zusammen.

FARB-WILLS-GEHEIMNIS Um kräftige Farben und Muster stimmig miteinander zu kombinieren, sollten Flächen und Muster farblich aufeinander abgestimmt werden. So entsteht ein harmonisches Bild aus für sich bestehenden Einzelelementen, die gemeinsam wirken, statt sich gegenseitig den Rang abzulaufen.

ERDBEER-SPLIT

SO PRÜFE, WER SICH FARBLICH BINDET …

Mein farbverliebtes Auge ist praktisch ständig auf der Suche nach neuen Farbideen. Während ich mich in manche Kombinationen auf den ersten Blick verliebe, brauche ich für andere etwas Zeit. Ich vergleiche dies häufig mit der „Werbungsphase" einer neuen Beziehung: Es ist die Zeit, in der ich neue Farben teste und schaue, wie sie mich berühren. Auch zu der Blau-Rot-Kombination des Erdbeer-Split, die ich auf einem Bauernmarkt im Frühsommer entdeckt habe, musste ich erst eine Beziehung aufbauen. Es war gerade Erdbeerzeit, und die Stände quollen über von roten Beeren. Ihre kräftige Farbe wurde nur ein wenig von den blauen Rändern der Körbchen gekontert. Diese Farbkombination stach aus den vielen Farben der Auslagen deutlich heraus, aber ich suchte noch nach weiteren Möglichkeiten, diese beiden Kandidaten miteinander zu verbinden. Einige Monate später stolperte ich in Frankreich über einen roten Hydranten vor einer blauen Wand — so blau, dass man darin baden wollte! Sofort fielen mir die Erdbeerkörbchen wieder ein, und ich sah jetzt, wie gut das Farbduo wirkt, wenn Blau die Führungsrolle übernimmt.

Nun stand für mich fest, dass Blau in dieser Farbbeziehung die Hosen anhat, ohne seinen roten Gegenpart, der das Gesamtbild abrundet, jedoch nur halb so verführerisch wirken würde. Ein paar Tage später entdeckte ich im Covent Garden in London die beiden Ladenfronten in Rot und Blau. Da wusste ich, dass ich den Erdbeer-Split zu Hause ausprobieren wollte.

FARB-WILLS-GEHEIMNIS

Auf der Suche nach einem neuen Farbkonzept sind Collagen aus Zeitungsausschnitten und anderen inspirierenden Bildern der beste Einstieg. So können Sie aus einer einfachen Farbidee eine klare Vorstellung davon entwickeln, wie Sie einen Raum gestalten könnten.

FARBVERLIEBT
Dieser leuchtend rote Hydrant wird vom kräftig blauen Anstrich der Wand dahinter perfekt gerahmt. Gemeinsam mit Erdbeerkörbchen und bunten Ladenfassaden inspirierte er mich zu der Farbpalette Erdbeer-Split.

Ich betrachte die Blautöne dieser Palette gerne als ruhiges und besänftigendes Pendant der dominanten Rottöne. Blau eignet sich daher gut für die Hauptelemente eines Raumes, Rot für die Akzente.

Das markante Zackenmuster lässt das feurige Tomatenrot des Schals stärker hervortreten und macht es noch auffälliger.

Im Schlafzimmer eines schwedischen Sommerhauses bildet ein altmodisches Weckerpaar in Rot und Blau die perfekte Ergänzung zur blauen Blumentapete.

POPPIGE FARBEN Dieser leuchtend blaue Kleiderschrank, den ich auf einem Flohmarkt entdeckt habe, bringt eine herrliche Farbe in meine Londoner Wohnung. Die Flagge an der linken Seite steuert einen grafischen Akzent bei, und das Arrangement obendrauf bringt ein Kardinalsrot mit, das diese Ecke harmonisch abrundet.

IN DREI SCHRITTEN
ZU EINEM STILVOLLEN STILLLEBEN

★ **GRÖSSE** Beim Arrangieren verschiedener Gegenstände zu einem Stillleben sorgt die Kombination von Objekten unterschiedlicher Höhe für Perspektive. Eine nach Größe sortierte Anordnung wirkt unnatürlich und streng. Harmonie entsteht hier durch gezielte „Unordnung".

★ **FARBE** Mit dieser kleinen Sammlung wollte ich den Schrank, der als Blickzentrum des Raumes fungiert, mit weiteren Farbakzenten hervorheben. Der kleine Druck nimmt das Blau des Schranks wieder auf und dient damit als Bindeglied zwischen beiden Elementen. Das abgedunkelte Kardinalsrot dämpft das strahlende Blau des Schranks, und das Gelb sorgt als zusätzliche Beigabe für eine lockere Note.

★ **TEXTUR** Damit ein solches Arrangement auch interessant wirkt, sollte man auch verschiedene Texturen mischen. Hier habe ich mit den großen Buchstaben des Drucks außerdem ein grafisches Element hinzugefügt, das sich auf dem Benzinkanister fortsetzt. Die Schrift auf dem Kanister ist jedoch geprägt und wirkt verwittert, wodurch sie sich harmonisch ins Gesamtbild einfügt und nicht in optischer Konkurrenz zu dem gerahmten Druck steht.

Ein Einmachglas voller frischer Gänseblümchen gibt diesem rustikalen Stillleben in meiner Wohnung eine zarte Note.

DEN ERDBEER-SPLIT INTENSIVIEREN

In einer Mietwohnung mit ganz weiß gehaltenen Räumen lässt sich eine Zimmerecke mit einem blauen Schrank und roten Accessoires sehr einfach zu einem farblichen Blickfang machen. Die Erdbeer-Split-Farben eignen sich aber auch für die Gestaltung eines gesamten Raumes. Im Schlafzimmer in Raina Kattlesons Haus im Bundesstaat New York bildet Blau den farblichen Anker, der hier nicht nur ein dominantes Möbel ziert. Man fühlt sich von diesem intensiven Griechisch-Blau, in dem die Wände gestrichen sind, geradezu umhüllt. Dank des tiefen und ruhigen Blautons, der sich ideal für ein Schlafzimmer eignet, wirkt der Raum wie eine Höhle der Geborgenheit.

Wird eine Farbe in einem Raumkonzept so großflächig eingesetzt wie hier das Blau, ist es ratsam, einen Ausgleich durch eine zweite Farbe zu schaffen. Raina ist dies in ihrer Version des Erdbeer-Split mit Textilien in verschiedenen leuchtenden Rottönen auf dem Bett gelungen. Die mexikanische Tagesdecke in einem ins Orange spielenden Zinnoberrot führt das Auge durch den Raum und über das Bett hinweg. Hintereinander gestaffelte Kissen in kardinals- bis karmesinroten Mustern heben sich besonders lebendig von der exotisch blauen Wand ab. Da Raina mit der Bettwäsche verschiedene Rottöne und Muster kombiniert hat, wird Rot zur untergeordneten Farbe. Der fuchsienrosafarbene Schal setzt einen frischen Akzent, der das Farbschema abrundet und für eine sanfte Dämpfung der Blau- und Rottöne im Raum sorgt.

Bevor Sie Ihr Zimmer blau streichen, schauen Sie auf den Lichteinfall in dem Raum. Für sonnige Bereiche eignen sich kühle Blautöne, die das Licht reflektieren. In eher dunklen Ecken können Sie mit einem tieferen, dramatischeren Blauton arbeiten, der eine gemütliche, anheimelnde Atmosphäre unterstützt.

EXOTISCHE TRÄUME

Der intensiv blaue Anstrich der Wände in Kombination mit dem mexikanischen Bettüberwurf verleiht dem Schlafzimmer eine nahezu exotische Note. Ein zarter weißer Papierfächer filtert die Intensität des Blautons, während Accessoires und Bilder die Rottöne auf dem Bett aufgreifen.

MALERISCHE MINZE

Minzgrün
UND
LACHSROSA

DER MINZE VERFALLEN IN DER STADT DER LIEBE

Auf der Suche nach Reisezielen, die farbliche Anregungen bieten, kommt einem Paris, die Stadt der Romantik, vielleicht nicht sofort in den Sinn. Als ich aber die 284 Stufen des Arc de Triomphe emporstieg, raste mein Herz vor Aufregung. Ich erwartete allerdings weniger ein großartiges Farbkonzert als vielmehr atemberaubend schöne Ausblicke von dort oben. Und meine Erwartungen wurden nicht enttäuscht. Die Aussicht vom Dach war genauso schön, wie man mir berichtet hatte. Doch inmitten der Pracht dieser Stadt sprang mir ein Farbton ins Auge. Wie eine Elster, die etwas Glitzerndes entdeckt, hielt ich mitten im Fotografieren inne, als die von Grünspan überzogenen Kupferdächer in der Ferne in den Blick rückten. Ich war begeistert, in einem so unerwarteten Moment eine Farbinspiration zu finden. Als bekennender Farbsüchtiger wollte ich die Erfahrung voll auskosten.

Zurück auf Straßenniveau, ließ ich die großen Boulevards hinter mir und fand in einer kleinen Nebenstraße ein verborgenes Restaurant für meine Mittagspause. Als ich die Straße überquerte, fiel mein Blick auf ein minzfarbenes Rinnsal, das sich bei näherer Betrachtung als Grünspan aus Kupferrohren an der Hauswand entpuppte. Später erfuhr ich, dass es mehr als 25 Jahre dauert, bis das Kupfergrün diese Intensität erlangt, und ich konnte über diese sich natürlich entwickelnde Farbe nur staunen. Ich war begeistert, dass ich nur so kurze Zeit nach Entdeckung der Pariser Kupferdächer eine zweite Inspirationsquelle gefunden hatte. Dieser Farbton begegnete mir nun schon zum zweiten Mal, und ich stellte fest, dass ich mich wohl gerade in dieses sanfte Grün verliebte. Mit Schnappschüssen meiner Inspirationen und mit Minzgrün im Kopf machte ich mich ans Mittagessen – und währenddessen an ein Moodboard in meiner neuesten Palette: malerische Minze.

MINZFARBENE STADT
Als ich vom Triumphbogen aus über die Dächer von Paris blickte, entdeckte ich die minzfarbenen Kupferdächer der Stadt. Sie inspirierten mich zum Farbcocktail malerische Minze.

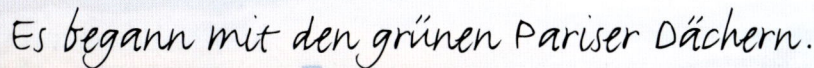

Es begann mit den grünen Pariser Dächern...

Manchmal stolpere ich ganz unverhofft über neue Farbideen. Diese Momente der überraschenden Inspiration sind einfach wunderbar.

RAUER CHARME
Das Arbeitszimmer in meiner Londoner Wohnung ist mit seinem verwitterten, minzgrünen Schreibtisch und dem Nachbau eines Tolix-Stuhls in Gelb von belebenden Farben und Texturen geprägt. Der rosafarbene Knauf gibt der Kombination zusätzlichen Schwung.

MOODBOARD

Wenn Sie Ihre Freude an Farben einmal richtig ausleben und dabei trotzdem ein ruhiges Raumklima schaffen möchten, ist diese Farbpalette ideal. Setzen Sie milde Grünschattierungen großzügig ein und nutzen Sie Pink für Schlaglichter.

Ich habe die Kombination aus Grün und Pink in meinem Arbeitszimmer mit gelben Akzenten aufgelockert, da Gelb als motivierende Farbe gilt, die Kreativität fördert.

Gegensätze sorgen für ein interessantes Spannungsverhältnis. Ich liebe den Kontrast zwischen dem robusten Regal und dem zarten Minzgrün.

WARUM MINZE AUF GROSSEN FLÄCHEN WIRKT

Die eigentümliche Auffassung, man solle nicht alle Wände eines Raumes in derselben Farbe gestalten, scheint derzeit weit verbreitet. Daher wird oft nur die Wand, auf die man als Erstes blickt, farbig gestrichen. Paradoxerweise lässt aber eine einheitliche Farbgebung an allen Wänden die restlichen Elemente eines Raumes umso deutlicher hervortreten. Ein bewährter Kunstgriff ist es, den gesamten Raum in einer Pastellfarbe wie etwa Minzgrün zu streichen. So kommt die Farbe zur Geltung, tritt aber dennoch hinter der Einrichtung zurück.

Das Sommerhaus der Göteborger Designerin Elisabeth Dunker führt diesen Effekt eindrucksvoll vor Augen. Da hier nicht nur ihre Familie, sondern auch Freunde im Sommer gerne eine Auszeit nehmen, hat Elisabeth den ehemaligen Hühnerstall im Garten in ein zusätzliches Gästezimmer umgebaut. Im Zuge der Verwandlung des verwitterten Nutzgebäudes in ein ruhiges Schlafzimmer strich Elisabeth die Holzwände rundum in einem erfrischenden Minzton. Dezente Pastelltöne wie Minze, Seeschaum oder Pistazie eignen sich für Räume, die gut eine Farbe vertragen, aber nicht davon dominiert werden sollen. Seeschaumtöne sind sogar häufig so zart, dass sie den Charakter eines Raumes unterstützen. In Elisabeths Gästezimmer hebt das Minzgrün die horizontalen Linien der Holzvertäfelung hervor, wodurch der Raum optisch weiter wirkt. Und obwohl die Wände rundum grün gestrichen sind, ist er nicht vordergründig durch diese Farbe geprägt. Das von den Wänden reflektierte Tageslicht lenkt den Blick auf die schönen Bodendielen und das alte Bett. In einem solchen Raum wirken leichte Farbakzente am überzeugendsten. Rosa Farbtupfer passen besonders gut zu kreidigen Grüntönen, einen harmonischen Kontrapunkt zum Hintergrund erzielen aber auch Farbvariationen, indem Sie Accessoires in mehreren Grünschattierungen platzieren.

FARB-
WILLS
GEHEIMNIS

Die Verwendung einer Farbe in verschiedenen Abtönungen ist in jedem Farbschema möglich. Um ein harmonisches Raumgefühl zu erzielen, gestalten Sie die Hauptelemente des Raumes (Wände, Decke, Mobiliar) in einer Hauptfarbe und bringen dann Accessoires ein, die heller oder dunkler sind als die Grundfarbe.

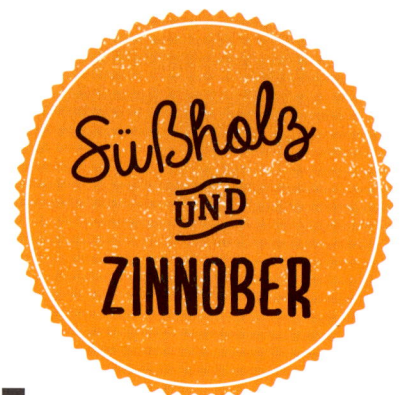

MANDARINEN-TRAUM

HELLE LICHTER, GROSSE STADT

Wie fast alle Metropolen ist New York City ein kreativer Hotspot und schäumt über vor wunderbaren Farbinspirationen. Straßenkünstler und individuelle Modeläden liefern reichlich Stoff für neue Farbideen, und trotzdem ist es manchmal doch die Natur in ihren unnachahmlichen Erscheinungen, die uns selbst in Großstädten umfängt und den Funken der Inspiration erst überspringen lässt.

Als ich im April 2013 Manhattan besuchte, erlebte die Stadt gerade eine Hitzewelle, die ihr im nor malerweise feuchten, grauen Frühjahr hohe Temperaturen und blauen Himmel bescherte. An einem Tag, den ich bis dahin vor allem mit Meetings in Bürogebäuden verbracht hatte, hielt ich mich nachmittags downtown auf. Ich muss wohl nicht erwähnen, dass ich für diesen Tag von Neonröhren, beigefarbenen Bürowänden und Klimaanlagen genug hatte. Ich weiß noch genau, wie ich aus der marmorkalten, gesichtslosen Lobby des Gebäudes auf den Gehsteig trat und eine der schnurgeraden Straßen Manhattans hinunterging. Das Leuchten einer goldenen Nachmittagsstimmung überwältigte mich. Die Glasfenster der Lagerhäuser warfen die honiggelben Strahlen der Abendsonne zurück, die sich prachtvoll und doch sanft in die Straße ergossen und tiefschwarze Silhouetten entstehen ließen. Ich war hingerissen davon, wie die Sonnenstrahlen von blendend Weiß im Zentrum über tiefes Bernsteingelb in intensives Orange- und Zinnoberrot am Ende übergingen. Trotz der übermächtigen Wolkenkratzer und des Straßenlärms ging ich fast wie auf Wolken zu meinem Hotel. Dort ließ ich den fantastischen Blick aus dem 27. Stock noch eine Weile auf mich wirken und war fasziniert von der Farbmagie dieser Stadt. Nachts dachte ich über diese Erfahrung nach. Diese intensive Farbkombination aus Rottönen und Schwarz wollte ich auch in der Raumgestaltung ausprobieren. Die Farbpalette Mandarinen-Traum war geboren.

LICHTSTRAHLEN

Die tief orangefarbenen Sonnenstrahlen am Abendhimmel über Manhattan, die während der goldenen Stunde tiefschwarze Schatten entstehen lassen, waren der Auslöser für den Farbcocktail Mandarinen-Traum.

DIE GOLDENE STUNDE, NYC

WILLS FARBINSPIRATION
B
B
ABEND-
GLUT

MOODBOARD

Mandarinen-TRAUM

Nur Mut! Am besten wirkt diese Farbkombination, wenn man sich auf den dunklen Grundton einlässt und ganz gezielt wenige Elemente durch Orange hervorhebt.

Die orangefarbene Eingangstür zum Ferienhaus von Jonathan Adler und Simon Doonan auf Shelter Island stimmt Besucher auf die quirlige 60er-Jahre-Einrichtung im Inneren ein und bildet einen schönen Kontrast zur strengen, schwarzen Fassade.

Kräftige Farben wie diese vertragen auch kräftige Muster – aber nicht übertreiben! Eine Tagesdecke, ein Kissen oder ein Lampenschirm reichen schon aus.

FARBSPIEL Der tomatenrote Kaminofen zeugt von der Design-philosophie Jonathan Adlers, die er „Happy Chic" nennt: Man beginne eher klassisch und arrangiere dann mit kleinen heiteren und originellen Accessoires eine gesunde Dosis „Chick" dazu.

IN DREI SCHRITTEN
ZUM SCHLAF-ZIMMER IN KÜHNEN FARBEN

Setzen Sie auch im Schlafzimmer ohne Scheu kräftige Farben ein. Mit diesen Ideen gelingt Ihnen eine kräftige Farbkombination, die dennoch Entspannung ausstrahlt.

★ **DEZENTES DUNKEL** Kräftige Muster wirken im Schlafzimmer besonders edel in dunklen Tönen. Sie treten stark hervor, wirken aber gleichzeitig auch gemütlich und wohnlich. Diese Farben dienen als kräftige Grundierung für einzelne Akzente.

★ **BUNTE LEUCHTKRAFT** Eine intensive Akzentfarbe wirkt zwischen dunkleren Farben frisch und belebend, ohne die ruhige Ausstrahlung des Raumes zu beeinträchtigen.

★ **EDEL NEUTRAL** Setzen Sie Accessoires in natürlichen Farbtönen und Texturen ein, wie etwa Leinen, Jute, weiß lackierte Holzverkleidungen, Stein oder Mohair, um die Farbpalette aus dunklen und leuchtenden Tönen abzurunden.

MATERIALMIX (rechts) In Jonathan Adlers Schlafzimmer auf Shelter Island alternieren raue und feine Oberflächen und verleihen dem Raum ein taktiles Flair – Kacheln werden mit Federn kombiniert, Leinen mit Metall.

STRAHLENDE SCHÖNHEIT (links) Eine Vase mit leuchtend rosafarbenen Pfingstrosen auf dem Nachttisch lässt jeden gut gelaunt in den Tag starten.

MIT FARBEN SCHLAGLICHTER SETZEN

Schon ein einziger kühner Farbtupfer in einem ansonsten neutral gehaltenen Raum kann seine Atmosphäre vollkommen verändern. Die gut inszenierten Farbkontraste im Schlafzimmer von Jonathan Adler und Simon Doonan auf Shelter Island setzen schön verteilte farbige Schlaglichter, die den Blick lenken. Der Schlüssel zum Gelingen dieses Konzepts liegt in der schlichten Farbpalette: Nur die ausgefallene Federkopfbedeckung aus Kamerun an der grau gefliesten Wand hinter dem Bett erstrahlt in feurigem Orangerot. Sie zieht den Blick auf sich und gibt dem Raum eine moderne Note. Bestimmend bleiben dennoch die elegant gemusterten Betttextilien und die markanten Wandfliesen, ein Design aus der Werkstatt von Jonathan Adler.

LEICHTE MEERES-BRISE

Kobaltgelb UND AZURBLAU

EINTAUCHEN IN SOMMERLICHE KÜSTENFARBEN

Lieben Sie das Leben an der Küste auch so sehr? Das rhythmische Aufschlagen der Wellen am Strand und die salzige Meeresluft, die einem durchs Haar weht, während man lange Spaziergänge macht, haben etwas unendlich Beruhigendes. Am Meer kann ich mich entspannen wie sonst nirgendwo, und wann immer ich an der Küste bin, streife ich auf der Suche nach entlegenen Buchten und menschenleeren Stränden gerne stundenlang umher. Vielleicht ist es das Zusammenspiel der Elemente, das den Kopf befreit und Erinnerungen und Farbideen einprägsamer macht – dieses erfrischend elementare Trio aus Sonne, Sand und Meer ist Welten vom hektischen Großstadtleben entfernt, in dem Tausende sensorischer Eindrücke ständig unsere Aufmerksamkeit absorbieren. Auch die Stadt ist natürlich reich an Farbinspirationen, an der Küste macht mich der direkte Bezug zu den Elementen jedoch empfänglicher für die schönen Farben des Alltäglichen. Und anscheinend geht es nicht nur mir so, denn häufig sehe ich am Meer Häuser in kräftigem, teils romantisch verwittertem Blau und Gelb. Dieses himmelblaue und postgelbe Haus in Südfrankreich zum Beispiel erschien mir wie eine ehrerbietige Verbeugung vor der herrlichen mediterranen Natur. Genau wie das sonnengelbe Boot, das an einem alten Steg festgemacht war und im himmelblauen Wasser des Hafens auf und ab tanzte, bestand die Tür dieses Hauses aus verwitterten und sonnengegerbten Holzplanken an rostigen Scharnieren, deren Anstrich abblätterte. Hier entdeckte ich eine Farbpalette, in die ich ganz eintauchen wollte. Ich nenne sie leichte Meeresbrise.

KÜSTENCHARME
Die verwitterte Fassade dieses Hauses in Frankreich erinnert mit ihrem satten Sonnengelb und dem ausgeblichenen Himmelblau an die Farben und Texturen der umliegenden Küstenlandschaft.

MOODBOARD

Diese Farbpalette ist für mich Sommer pur, sie ist farbenfroh und strahlt zugleich Ruhe aus. Die Kombination alter und neuer Elemente in verschiedenen Blautönen schafft ein besonderes Flair.

Mischen sie Blau mit etwas Weiß, um ihre Möbel ein wenig edel gealtert wirken zu lassen.

Diese Farben passen zu wettergegerbten Oberflächen wie der des abgeschabten Nachttischs, der an die Schönheit der alten Küstenhäuschen erinnert.

BAUERNSTUBE (linke Seite) Narzissengelbe Stühle, ein Holztisch mit abgegriffener Farbe, blaue Türen und der handgemachte Kronleuchter mit blauen Perlen sorgen in diesem spanischen Bauernhaus für rustikalen Charme.

★ **VERSPIELT MODERN** Raumkonzepte, die auf Kontrastfarben beruhen, ziehen alle Blicke auf sich. Sie eignen sich gut für Familienwohnungen, da die Räume eine heitere und jugendliche Note haben. Diese Atmosphäre erzielen Sie, indem Sie Haupteinrichtungsstücke unifarben gelb oder blau gestalten. Die einzelnen Möbelstücke kommen vor einem schlichten, in kühlem Weiß gehaltenen Hintergrund umso intensiver zur Geltung.

FRÖHLICHE FARBEN (diese Seite) Türkisfarbene Vorhänge, ein sonnengelbes Sideboard und der himmelblaue Eames-Schaukelstuhl setzen die Schwerpunkte.

HANDGEMACHTES (rechte Seite, links) Originelle Fundstücke und ein handgefertigter Überwurf bringen Farbe mit.

KUNSTVOLLER KONTRAST (rechte Seite, rechts) Ein gelungener Kontrast zwischen der schwarzen Wand und den leuchtenden Farbtönen des Kunstwerks.

3
DREI VARIANTEN
DER LEICHTEN MEERESBRISE

Die vielseitige Farbkombination fügt sich praktisch in jede Umgebung und lässt sich ohne großen Aufwand anpassen. Sie harmoniert mit dem rustikalen Flair eines Bauernhauses ebenso wie mit der linearen Klarheit moderner Räume.

★ **LÄNDLICH RUSTIKAL** Die Stimmung in Bauernhäusern ist meist schon ganz von selbst beruhigend, einladend und charmant. Bevor Sie daher mit leuchtenden Farben arbeiten, schaffen Sie eine neutrale Basis, etwa durch ein weißes Sofa und blassblaue Wände. Ein dunkler Lederteppich erdet diese hellen, schwebenden Elemente. Die Farben der leichten Meeresbrise sorgen mit gelben Gartenblumen für rustikalen Charme.

★ **VERBLÜFFEND ZEITGEMÄSS** Die Künstlerin Mariska Meijers demonstriert in ihrer Amsterdamer Wohnung, auf welch faszinierende Weise die Farben der leichten Meeresbrise auch im urbanen Ambiente wirken. Die schwarzen Wände schaffen eine dramatische Atmosphäre, zu der die heiteren Gelb- und Blautöne des Gemäldes in intensivem Kontrast stehen. Die aufgeschlitzte Leinwand verstärkt diesen Gegensatz noch. Das Spannungsverhältnis der Farben lebt in diesem Fall davon, dass das Schwarz der Wände eine ideale Kulisse für die erfrischenden Farbtöne der Meeresbrise-Palette darstellt.

5

IN FÜNF SCHRITTEN ZUR MEERESBRISEPALETTE

Ihr hübsches und äußerst feminines Wohnzimmer hat Fiona Douglas in Glasgow in den Farben der leichten Meeresbrise gestaltet und damit eine zauberhafte Atmosphäre geschaffen. Unmengen bunter Blütenkissen, ein lebendiges blaues Gemälde und farblich einheitliche Wände mit einem passenden Teppich verhelfen dem eher schlichten Wohnraum zu einem starken Auftritt.

★ **EINDRUCKSVOLLE KUNST** Stellen Sie mit einer Auswahl von Kunstwerken in verschiedenen Blautönen eine Galeriewand zusammen oder hängen Sie ein großes einzelnes Bild auf. Bei einer Galeriewand sollten harmonierende Blautöne nebeneinander platziert werden, um einen stimmigen Farbeindruck zu erzeugen. Bei einem einzigen Werk erzielen Sie die beste Wirkung mit einem großformatigen, farbintensiven Gemälde.

★ **FLÄCHEN NUTZEN** Farbe voll auszukosten bedeutet, sie auf möglichst vielen Oberflächen einzusetzen, um den Farbeindruck zu verstärken. Ein toller Eindruck entsteht, wenn Boden, Wände und Decke in Schattierungen ein und derselben Farbfamilie gehalten sind.

★ **TEXTILE TRENDSETTER** Die Grundfarben einer Palette können Sie durch Kissen, Überwürfe und Teppiche herausarbeiten. Wenn Sie also einen Farbeindruck betonen möchten, bietet es sich an, mit unterschiedlich gefärbten Textilien zu arbeiten. Hier sorgen ein Teppich mit Farbverlauf und bunte Kissen für Akzente in allen Raumbereichen.

★ **MARKANTE MÖBEL** Möbel in abgestimmten Blautönen fügen sich perfekt in das Farbkonzept des Raumes. Naturbelassen oder aber weiß gestrichen würden sie den Gesamteindruck schwächen, der die Atmosphäre des Raumes ausmacht.

★ **GEMUSTERTE ACCESSOIRES** Mit zart gemusterten Keramikobjekten können Sie das Farbschema abrunden. Die feinen Muster in Kobaltblau sind typisch für Delfter Keramik und stellen eine ideale Ergänzung zu der intensiv leuchtenden Grundfarbe dar.

FARBENFROHE BLÜTEN (rechte Seite) Souverän setzt Designerin Fiona Douglas in ihrer Glasgower Wohnung auf kräftige Farben: Boden und Wände in Blaugrün, ein markantes Gemälde und farbige Möbel geben den Ton an. Sofakissen mit rosagelben Blüten lockern das Bild auf.

LIEBEVOLLES LILA

AUF DER SUCHE NACH DER WAHREN FARBE

Meine einzige Erinnerung an eine Woche Urlaub, die ich als Kind in Südfrankreich verbrachte, sind die beängstigend engen Haarnadelkurven, die wir auf dem Weg zu unserer Ferienwohnung passieren mussten. Als ich im Sommer 2013 für ein langes Wochenende zum ersten Mal wieder in diese Gegend kam, hatte ich praktisch keine Vorstellung davon, was mich erwartete. Natürlich kannte auch ich die Bilder von den Lavendelfeldern in der Provence. Die offensichtliche Nachbearbeitung dieser Fotos ließ mich aber daran zweifeln, dass sie tatsächlich so stark lila leuchten würden.

An einem Abend kam ich auf dem Weg zum Abendessen im Nachbarort an einem atemberaubenden Lavendelfeld vorbei. Ich trat heftig auf die Bremse, wendete und fuhr den Feldweg hinunter direkt an das Feld heran. Als ich aus dem Auto stieg, wurde ich vom Duft und der Farbe des Lavendels umhüllt. Der Geruch war so intensiv, dass er extrem belebend, ja fast berauschend wirkte, die Farben waren intensiv und zugleich beruhigend. In der Mitte des Feldes konnte ich nur das sanfte Rauschen der Blüten hören, die in der Abendbrise aneinanderrieben, und das Summen der pollenhungrigen Bienen. Umringt von diesem Meer aus Lila, verfiel ich dem wunderbaren Kontrast der violetten Blüten und ihrer grünen Umgebung. Als dann bei Sonnenuntergang honigfarbenes Licht darübertanzte, empfand ich dies als einen der wohltuendsten Anblicke, die ich je genossen hatte. Und dieses Bild bedurfte keinerlei Farbmanipulation: Das liebevolle Lila steckt voller Leben und verfügt über eine enorme natürliche Leuchtkraft.

PITTORESKE PROVENCE
Die sonnenverwöhnten Lavendelfelder der Provence standen Pate für die Violett- und Grüntöne des Farbcocktails liebevolles Lila.

Die goldene Abendsonne streifte majestätisch die violetten Blüten ...

FARB-
WILLS
GEHEIMNIS

Violett ist eine ebenso majestätische wie interessante Farbe, doch in einem Raum zieht sie alle Aufmerksamkeit auf sich. Sie eignet sich daher als dezenter Hintergrund für kräftige Farben wie Smaragdgrün, Safrangelb oder kräftiges Rot. So entsteht eine stilvolle Farbpalette.

MOODBOARD

Dieses Farbduo beweist eindrucksvoll, wie sich zwei Farben gegenseitig beleben können. Ob zartes Violett oder dunkle Pflaume – lila Farbtöne strahlen erst richtig, wenn sie mit einem kräftigen Grün kombiniert werden.

Tragen Sie dick auf! Das smaragdgrün des antiken chinesischen Schranks fängt das dunkle Lila der Wand dahinter auf. Ein Hauch Kupfergrün gibt der Kombination eine noch elegantere Note.

Ein Sessel kann als perfekter Blickfang im Raum dienen – mit kräftigen Mustern und Farben wird er zum Star der show.

SÜSSE TRÄUME Die lavendelfarbene Holzvertäfelung des Schlafzimmers in einem spanischen
Bauernhaus sorgt für entspannte Atmosphäre. Ein
safrangelber Nachttisch und die gestreifte Tagesdecke lassen den Raum leuchten.

Mit einer bunten
Tagesdecke in frechen
streifen bringen sie
ganz einfach Farbe ins
schlafzimmer.

IN SIEBEN SCHRITTEN ZU HERRLICHEN STILLLEBEN

Accessoires sind ideal, um Farben in den Fokus zu rücken. Verstecken Sie Ihre schönen Souvenirs nicht in Kisten und lassen Sie Erbstücke nicht auf dem Dachboden verstauben. Schenken Sie ihnen stattdessen ein neues Leben, indem Sie sie zu hübschen Stillleben arrangieren, die ihre Liebe zu Farben zeigen!

★ **MISCHEN UND KOMBINIEREN** Mit einer Mixtur aus verschiedenen Materialien und Oberflächen schaffen Sie einen natürlichen, organischen Look. Setzen Sie die verschiedensten Materialien ein, Keramik, Holz, Glas und Kunststoff – für den inneren Zusammenhalt ihres Stilllebens sorgt dann die Farbe.

★ **BERG UND TAL** Gelungene Arrangements enthalten stets Objekte in unterschiedlichen Höhen und Volumina. Die verschiedenen Formen verleihen der Zusammenstellung einen Rhythmus, der sie für das Auge besonders reizvoll macht.

★ **STAR-REGAL** Auch die Fensterbank, das Bücherregal oder ein Wandboard, auf dem Sie Ihre Schätze ausstellen, holen Sie mit einem Hauch Farbe aus der Unscheinbarkeit. In Ihrer Lieblingsfarbe lackiert, wird ein schlichtes Brett zur Bühne für geliebte Andenken. Streichen Sie jedes Bord in einer anderen Nuance, dann erhalten Sie einen wunderschönen Farbverlauf, und das Regal wird zum Highlight des Raumes.

★ **PERSÖNLICH GESAGT** Die schönsten Arrangements sind solche, die an geliebte Menschen, Orte oder Ereignisse erinnern. Souvenirs, gepaart mit schönen Farben, bringen eine ganz persönliche Note in jeden Raum.

★ **AUFFÄLLIGER AUGENSCHMAUS** Nutzen Sie die unmittelbare Wirkung geballter Farbe, um ein Ensemble in den Vordergrund zu rücken. Mit farblich sortierten Objekten wie Büchern oder Vasen wird Ihr Ausstellungsregal zum attraktiven Hingucker.

★ **SCHÖNE GESCHICHTEN** Jedes Ding in einer Wohnung hat seine eigene Geschichte. Nehmen Sie die Rolle des Erzählers ein und berichten Sie von Ihren farbenreichen Abenteuern. Vielleicht haben Sie auf dem Basar in Marrakesch um die safrangelbe Vase gefeilscht, oder Sie erinnern sich an die unermessliche Freude über den Amethystring, den Sie zum 18. Geburtstag bekamen? Sie werden erstaunt sein, welche Geschichten sich entfalten, wenn Sie ihnen Raum geben.

★ **NUR MUT!** Arrangements und Stillleben sind nur ein Detail in einem Raum, darum eignen sie sich hervorragend dazu, etwas ganz Neues, Ungewohntes auszuprobieren. Ein fliederfarbenes Regal im Wohnzimmer oder ein paar Küchenregale in Pflaume und Violett ergeben wunderbare farbige Stimmungsmacher.

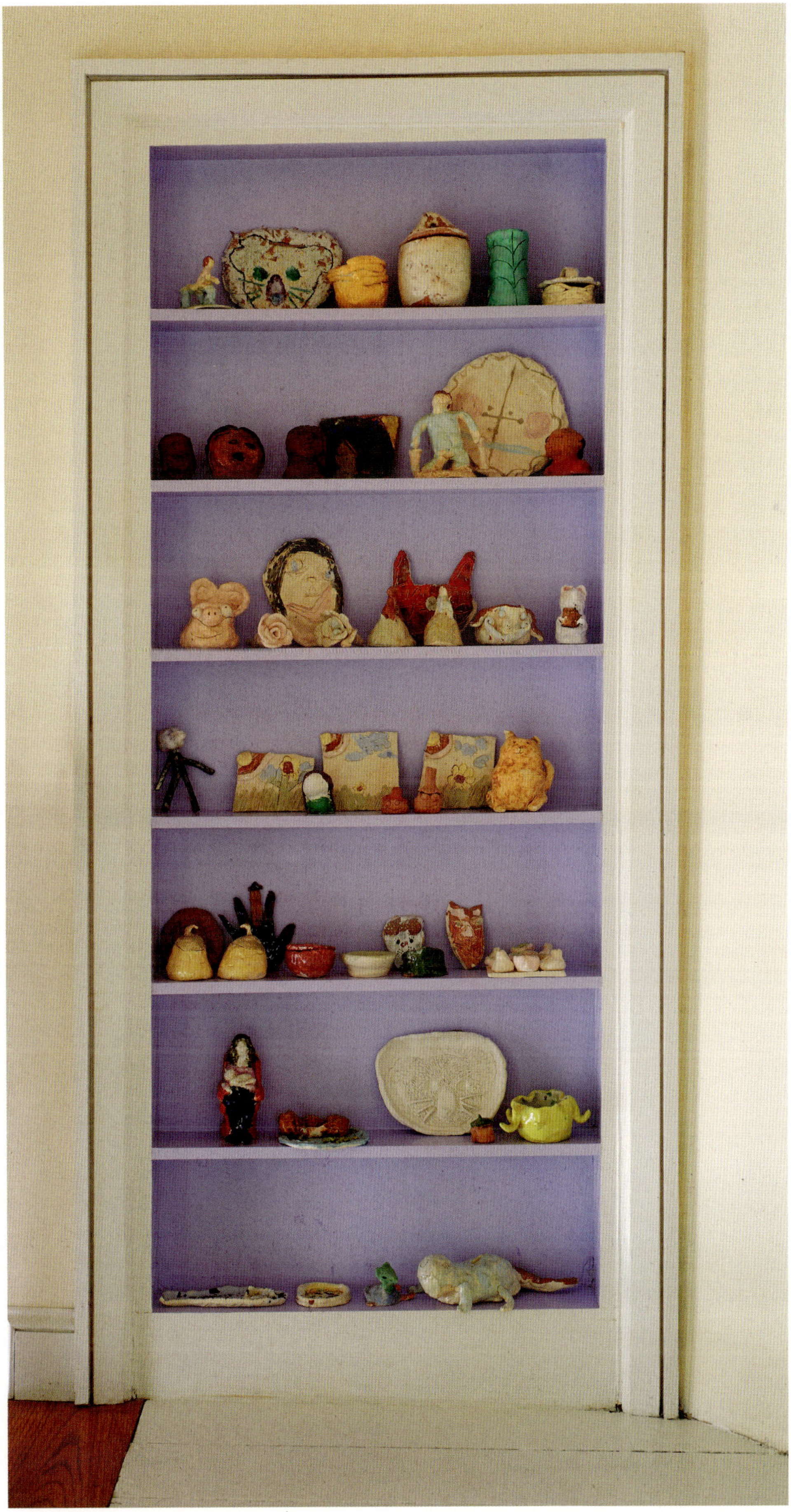

FARB-
WILLS
GEHEIMNIS

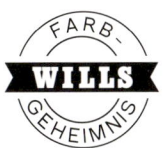

Da das Sofa häufig das beherrschende Möbel des Wohnzimmers ist, ist es ideal, um eine gedeckte Farbpalette aufzulockern. In einem vorwiegend in dunklen oder hellen Farben gestalteten Raum wird es mit buntem Polsterstoff zum Blickfang.

RAHMENDES REGAL
Für die Ausstellung der Töpferarbeiten ihrer Kinder hat Raina Kattleson ein Regal auf dem Treppenabsatz ihres Landhauses gewählt. In einem hübschen Lila gestrichen, bietet es ihnen eine schöne Bühne.

FARB-VERNISSAGE (linke Seite) Designerin Mariska Meijers hat eigene Entwürfe in ihrer Wohnung gekonnt zu einer Kunstausstellung gruppiert. Die dunkle, pflaumenfarbene Wand und das amethystfarbene Sofa erhöhen die Strahlkraft ihrer bunten Arbeiten.

MUSTERMIX (oben) Dieses Sofa in einem Haus in den Niederlanden spricht eine deutliche Farbsprache. Kissen in den verschiedensten Lila- und Gelbtönen lassen es im Raum erstrahlen.

WIE LILA NOCH EINEN TICK LIEBEVOLLER WIRD

Wenn Sie Ihre Farben gerne so stark anmischen wie einen guten Cocktail, werden Sie diese intensive Variante des liebevollen Lila lieben. Um aus den sanften und zarteren Tönen des Farbcocktails eine üppige und verführerische Kombination zu machen, wählen Sie dunklere Schattierungen. Jeder Farbton des Cocktails sollte tiefer, dunkler sein. Tauschen Sie das lavendelfarbene Sofa gegen ein amethystfarbenes, streichen Sie die distelfarbenen Wände in einem kräftigen Pflaumenton und geben Sie dem Raum dann einen Schuss fröhlicher Farbe. Die lebendigen, klaren Töne der Dessins der Amsterdamer Künstlerin Mariska Meijers heben sich vor einem dunklen Hintergrund besonders intensiv ab. Das tiefe Aubergine der Wände lässt die hellen, frischen Grüntöne ihrer Bilder erstrahlen, während das leuchtende Sofa ihre bunt bedruckten Kissen ideal zur Geltung bringt. Sie runden die Palette harmonisch ab.

MONO-CHROME MAGIE

MARKTTAG IN MANHATTAN

Wie verwischte gelbe Streifen rasten die Taxis vorüber, und die roten und blauen Signalleuchten der Rettungsfahrzeuge wurden von Sirenengeheul untermalt. Dazwischen manövrierte eine bunte Mischung aus Passanten, Büroangestellten, Touristen und Rentnern durch den dichten Verkehr auf der 9th Avenue in Manhattan. Ich war umgeben von einer chaotischen Vielfalt bunter Autos, Kleidung, Werbetafeln und Gebäude, die alles andere war als grau. Zu meiner großen Überraschung waren es aber weder die rote Balustrade, die das Straßencafé vom Bürgersteig abgrenzte, die meine farbsuchenden Sinne ansprach, noch die mit prall blühenden Frühlingsblumen bepflanzten Töpfe am Empfang. Vielmehr wurde mein Blick vom großen Schild des Chelsea Market an einer Backsteinfassade angezogen. Mit seiner schlichten Typografie und schwarz-weißen Klarheit stach es aus der verwirrenden Vielzahl optischer Eindrücke an dieser Straßenecke heraus. Mich faszinierte, wie das Schild die Szene beherrschte, als diente das vibrierende Leben um dieses Gebäude nur der Akzentuierung des schwarz-weißen Hintergrundes. Als ich das Haus fotografierte, fiel mir der harmonische Farbakzent auf, den die gelbe Ampel vor dem großen Schild darstellte. Dies war der unvorhergesehene Farbklecks, der mich zu dem Farbcocktail monochrome Magie inspirierte.

Wenn Sie Proben diverser Grauschattierungen streichen möchten, lassen Sie zwischen den Farbmustern mindestens 1,20 m Abstand, damit Sie sie isoliert betrachten können. So erhalten Sie einen realistischen Eindruck davon, wie jede Farbschattierung für sich wirkt und wie sie ihre Umgebung beeinflusst.

FASZINIERENDE FASSADE
Das verwitterte schwarz-weiße Schild an der Backsteinfassade des Chelsea Market in Manhattan war die Inspiration für den Farbcocktail monochrome Magie.

SCHWARZES AUGE
(oben) Mit dem Schwarz-Weiß-Filter meiner Kamera fotografiert, treten die elegante Form und die Speichen des Riesenrades an der Themse, London Eye, noch deutlicher hervor.

WILLS FARBINSPIRATION
BB
CITY-SCHICK

MEISTERHAFT MONOCHROM
Ein tiefes, mattes Schwarz betont die Teilwand in diesem Haus in Norwegen und sorgt damit für eine optische Abtrennung des Esstischs innerhalb des offenen Wohnbereichs. Die Eames-Esstischstühle greifen das Weiß der Bodendielen auf und setzen die monochrome Palette fort. Das Grau der ausdrucksstarken Mustertapete am Treppenaufgang verleiht dieser Ecke räumliche Tiefe.

MOODBOARD

Monochrome MAGIE

Nichts wirkt so zeitlos elegant wie Schwarz-Weiß. Trotzdem ist es natürlich erlaubt, mit Mustern und Texturen für visuelle Reize zu sorgen. Schwarz-Weiß ist ein idealer Fond für leuchtende Farben, und er lässt sich mit frechen Akzenten nach Lust und Laune und je nach Jahreszeit variieren.

LOS ANGELES

Typografische Drucke und kräftige Muster setzen klare Zeichen in einer monochromatischen Raumgestaltung und verhindern, dass die gedeckte Farbwahl eindimensional wirkt.

Metallic-Oberflächen beleben das Schema zusätzlich und haben einen Hauch von Luxus.

DREI WEGE ZU FRISCHEN FARB-AKZENTEN

SCHWARZE LINIEN Die Norwegerin Nina Holst hat in ihrem Wohnzimmer interessante Blickpunkte geschaffen, indem sie das konsequent durchgeführte schwarz-weiße Farbschema mit markanten Mustern auflockert – Zickzack im Teppich, Streifen auf dem Kissen und weiße Kreuze auf schwarzem Grund in der Wolldecke. Die schwarz gerahmte Grafik über dem Sofa setzt den modernen, geradlinigen Stil an der Wand fort.

★ **FARBTUPFER** Nutzen Sie die Akzentfarbe, um Farbblöcke zu schaffen, die wirklich ins Auge stechen, etwa durch einen farbigen Stuhl oder den Fliesenspiegel. Auch wenn der Grundton kräftig ist, muss die Akzentfarbe sich durchsetzen können. Platzieren Sie solche Highlights aber nicht in Form allzu zarter Muster, da sie leicht in der Umgebung untergehen und ihre Wirkung nicht entfalten.

★ **AUSGEFALLENE AKZENTE** Ist die Akzentfarbe als visueller Fokus im Raum gedacht, sollte sie nicht mit einem anderen Blickfang konkurrieren, etwa mit einer Grafik an der Wand oder einem gemusterten Teppich. Betrachten Sie zunächst alle Materialien und Oberflächenstrukturen und wählen Sie dann Farben, die zur Natur der Stoffe passen. Bietet der Raum keine ausgefallenen Merkmale, können Sie auch einfach Fußleisten und Türrahmen in einer Kontrastfarbe streichen – eine originelle Gestaltungsidee.

★ **MITREISSEND MINIMALISTISCH** Wie so häufig, gilt auch hier: Weniger ist mehr – so lautet das Motto auch beim Einsatz von Akzentfarben. Wenn Sie die zu Ihrem Raumkonzept passende Kontrastfarbe gefunden haben, werden Sie feststellen, wie wenig Sie davon benötigen. Setzen Sie dann entweder einen größeren Akzent, zum Beispiel einen Stuhl in der auserwählten Farbe, oder mehrere kleine, wie eine Vase, ein Kissen und einen schlichten Lampenschirm.

Akzentfarben machen üblicherweise nur 10 % eines Raumes aus. Bedenken Sie bei der Farbplanung die 60-30-10-Regel: 60 % Grundfarbe, 30 % Sekundärfarbe und 10 % Akzentfarbe.

MONOCHROMER MIX Sonnengelbe Accessoires fügen sich perfekt zwischen den eleganten Schwarz- und Grauschattierungen ein. Die unterschiedlichen Muster der Textilien schaffen einen lebendigen Rhythmus.

GELB GEPAART MIT SCHWARZ-WEISS

Schwarz-weiß gestaltete Räume sind in ihrer farblichen Beschränkung eindrucksvoll. Die Muster treten deutlicher in den Vordergrund, und die Formen der Möbel zeichnen sich klarer ab als bei einer mehrfarbigen Palette. Gelb trägt in diesem schlicht monochromen Farbschema dazu bei, eine gewisse Strenge aufzulockern. Wie überzeugend dieses Konzept wirken kann, beweist Nina Holst in ihrem Wohnzimmer in Norwegen mit nur wenigen, gezielt gesetzten gelben Schlaglichtern: Die mit gelben Dreiecken bedruckten Kissen und die beiden Vasen — eine große in Gelb und eine schlanke mit gelben Streifen — können sich problemlos gegen das harte Schwarz-Weiß behaupten, ohne dominant zu wirken. Wenn eine Akzentfarbe eingesetzt wird, um Abwechslung in ein strenges Farbschema zu bringen, darf sie weder zu kräftig sein, um nicht zu viel Aufmerksamkeit auf sich zu ziehen, noch zu schwach, damit sie nicht wie verloren im Raum schwebt, ohne dabei tatsächlich eine eigenständige Wirkung zu entfalten.

LEUCHTENDE PRIMÄRFARBEN Im Spielzimmer seines Wochenendhauses im Staat New York führt Bradford Shellhammer vor, dass auch ein von Schwarz geleitetes Konzept farbenfroh gestaltet werden kann. Mit Primärfarben hebt er den potenziell düsteren Eindruck der schwarzen Wand auf. Der gelbe Kickertisch und rote Möbelstücke haben etwas sehr Belebendes, und die Plakate setzen sich mit kräftigen Farben und Strukturen von der dunklen Wand ab.

Spielerisches Schwarz!

ZITRUS-FRISCHE

Zitrone, Grapefruit **UND** **BLATTGRÜN**

DER REIZ DER FARBE

Wenn ich ein Land oder eine Stadt zum ersten Mal besuche, lasse ich die Farben der Region immer erst einmal auf mich wirken. Natürlich gibt es überall Dinge, die mir direkt ins Auge fallen, aber um die Farben herauszuarbeiten, die einen Ort wirklich ausmachen, muss ich die neuen Eindrücke eine Weile sacken lassen. Eine Stadt kann tagsüber ganz anders erscheinen als nachts: Das Sonnenlicht lässt die Farben viel satter strahlen als sie eigentlich sind, während bei Nacht so manche bunte Fassade aus dem Dunkel hervortritt. Bei meinen ersten Rundgängen bewege ich mich zügig durch die Straßen, um einen unmittelbaren Farbeindruck zu bekommen. Meine farbverliebten Adleraugen werden meist schnell fündig. Ist der größte Farbhunger gestillt, kehre ich zu den Orten, Plätzen und Gebäuden zurück, die sich mir im ersten Moment am stärksten eingeprägt haben. Dann lasse ich mich vom Objektiv meiner Kamera leiten. Ich bin immer wieder erstaunt, welche neuen Dimensionen sich mir beim Blick durch den Sucher eröffnen. Zunächst wirkte dieses Gebäude in Es Mercadal auf Menorca wie ein typisch mediterranes Wohnhaus mit gelb getünchter Fassade. Als ich es dann aber genauer betrachtete, entdeckte ich ganz neue Ebenen, und ich stellte fest, dass Gelb nicht die einzige Farbe war, die den Charakter des Hauses prägte. Seine grünen Klappläden waren ebenso entscheidend, da sie das leuchtende Gelb in der heißen spanischen Sonne abmilderten. Und so entstand aus der Betrachtung dieses Hauses der Farbcocktail Zitrusfrische. Damals ahnte ich noch nicht, dass diese neue Farbpalette aus Zitrusfarben einmal die Neugestaltung meines Wohnzimmers in London bestimmen würde. Hier habe ich einen Zitruston als Grundfarbe gewählt, dem ich einen Spritzer Schwarz verpasst habe, während die anderen Farben lichte Akzente setzen.

FRECHE FASSADEN
Die zitrusfarbenen Hausfassaden des Mittelmeerraums, vor allem in Frankreich und Spanien, dienten als Inspiration für den Farbcocktail Zitrusfrische.

Die Idee zur Kombination von Zitrusfarben kam mir beim Fotografieren dieses Hauses in Spanien.

FRISCHE OPTIK Auf dem gelben
Retrosofa in meiner Londoner Wohnung tummeln sich bunte Kissen mit
fröhlichen Motiven, die die Farben der
Bilder an der Wand aufgreifen. Schwarze Muster schaffen eine elegantere
Note.

Zitrus-
FRISCHE MOODBOARD

In dieser Farbauswahl trifft sich leuchtendes Rot mit Gelb und Grün. Dabei sollte
eine Farbe die Hauptrolle spielen, die anderen kommen als Farbakzente hinzu. So
entsteht ein sommerliches Flair.

Ein Blumenstrauß ist die perfekte Ergänzung
eines Farbschemas. Mit dem leuchtenden Gelb der
Rosen wollte ich die Farbe der bauchigen gelben
Vase aufnehmen, und die grünen Chrysanthe-
men schlagen die Brücke zu den grün geringelten
Kerzenständern. Die Gänseblümchen lockern den
Strauß zusätzlich auf.

Schwarz ist ein idealer Untergrund
für leuchtende Zitrusfarben. Nutzen
sie es ruhig auch für größere Objekte
wie Sofa, Teppich oder eine Tapete.

SCHICKER SITZ-PLATZ Kissen mit Waldtieren und eines im skandinavischen Stil mit Baummuster machen sich gut auf meinem gelben Retrosofa.

Die lustigen Tiermotive haben etwas Heiteres, das sich auf den Raum überträgt.

5

IN FÜNF SCHRITTEN ZU BUNTEN KOMBINATIONEN

ZEITLOS SCHÖN Das Standuhrregal in meinem Wohnzimmer bietet einen hübschen Ort für meine Sammlung bunter Töpferwaren wie Vasen und Tassen, aber auch für Bücher. Die gelb gestreiften Vorhänge und die Baumtapete steuern klare Linien bei.

Notieren Sie sich, wie Sie sich einen Raum wünschen, bevor Sie ihn neu gestalten? Ich zumindest tue das und bin wahrscheinlich nicht der Einzige, bei dem so endlose Listen entstehen.

★ **SCHWARZER SCHICK** Ein paar schwarze Einsprengsel sind ein Kunstgriff, um die vielen Farben eines bunten Raumentwurfs zusammenzuhalten. Wie Weiß lässt es farbige Akzente noch deutlicher hervortreten, wirkt aber intensiver. Ein oder zwei schwarz gemusterte Hauptelemente im Raum, wie etwa ein Sofa oder eine Tapete, geben den bunten Farben Erdung.

★ **MUNTERE MUSTER** Als bekennender Farbfan weiß ich, wie verführerisch es sein kann, mit Farben, Mustern und Texturen zu experimentieren. Dennoch ist es empfehlenswert, sich für ein Muster zu entscheiden, das sich als Thema durch den gesamten Raum zieht. In meinem Wohnzimmer sind es Streifen, die im Teppich, in den Sofakissen und auf Vasen und anderen Keramiken auftauchen. Mit ausgewählten weiteren Mustern entsteht gar nicht erst der Eindruck strenger Geradlinigkeit.

★ **HAUPTFARBE** Wie bei jeder guten Band ist auch in einer Farbpalette ein Ton der Star, der den Rest der Truppe anführt. Für mein Wohnzimmer habe ich aus der Palette der Zitrusfrische Zitronengelb als führende Farbe ausgewählt.

★ **EINFACH ENTSPANNT** Überlegen Sie auch bei einer bunten Mischung, wie Sie die Elemente zusammenfügen – das gilt besonders für die Accessoires. Optisch ansprechend sind Dekoelemente in Dreiergruppen wie die weiß-grünen Kerzenständer, gepaart mit einem herausstechenden Stück wie der Vase. Arrangements mit einer geraden Anzahl gleicher Gegenstände wirken dagegen meist weniger interessant.

★ **ROTER FADEN** Stilvoll und harmonisch wirkt ein bunt gemischt eingerichteter Raum, wenn es wiederkehrende Elemente gibt. Das kann eine Farbe, ein bestimmtes Material oder ein Muster sein. Bei mir sind es die Farbe Gelb und das Streifenmuster, die ich als roten Faden durch den Raum gelegt habe, sie verbinden die bunte Vielfalt zu einer Einheit.

FRÖHLICHE FIESTA

Ein bunter **MIX**

FESTIVAL DER FARBEN

Nachdem ich Ihnen verschiedene Farbpaletten vorgestellt habe, zu denen mich meine Reisen und Erinnerungsfotos inspiriert haben, möchte ich dieses Kapitel mit einem Farbcocktail beschließen, der ein wenig von allem hat. Für mich geht es bei Farbe darum, Freude zu haben und etwas Persönliches zum Ausdruck zu bringen – und überdies gibt es einfach nichts Genussvolleres als eine bunte Farbpalette. Aber woher kam meine Inspiration zur fröhlichen Fiesta?

Die Idee zu diesem Farbcocktail kam mir, als ich in dem Städtchen Es Mercadal auf der Baleareninsel Menorca am Martinsfest, der Fiesta de San Martín, teilnahm. Der sonst eher verschlafene Mittelmeerort verwandelte sich zum Fest seines Schutzheiligen in das reinste Feuerwerk aus Musik und Farben. Prächtig mit Bändern und Rosetten geschmückte Pferde schritten durch die historischen Straßen. Man nennt dies den Jaelo, was wörtlich übersetzt Spektakel oder Tumult bedeutet. Schmale Gassen und Plätze waren mit bunten Flaggen, Wimpeln und Lichterketten verziert, die Anwohner hatten die Fenster ihrer gelben, rosa- oder orangefarbenen und grünen Häuser weit geöffnet. Ich ließ mich in der Menschenmenge treiben, badete förmlich in dieser Farbenpracht und wollte die Vielfalt dieses Moments irgendwie festhalten. Erst im Spätsommer, als ich die steilen Straßen von Manarola an der norditalienischen Steilküste der Cinque Terre zum Meer hinunterstieg, beschloss ich, diese Farben in meiner eigenen Wohnung einzusetzen. Am entlegenen Ende der Bucht angekommen, drehte ich mich um und sah, wie der kleine Ort sich in die Felsen schmiegt – jedes Haus bis hin zur trocknenden Wäsche ein enorm strahlender Farbfleck. Dieser Anblick erinnerte mich an die bunt bekleckste Palette eines Malers. Lassen Sie Ihrer Farbenlust freien Lauf, mischen Sie Ihre Lieblingsfarben zu einer fröhlichen Fiesta und schaffen Sie eine vielfältige Palette, die Ihre Persönlichkeit ausdrückt.

SONNIGE SCHATTIERUNGEN Die farbenfrohe Fiesta de San Martín in Es Mercadal auf Menorca und das bunte Cinque-Terre-Örtchen Manarola in Italien lieferten die Farbinspiration zu der Palette fröhliche Fiesta.

INSPIRIEREND INDIVIDUELL

Am besten wirkt die Farbenvielfalt der fröhlichen Fiesta, wenn ein bunter Gegenstand den Ton angibt und Sie dann eine oder zwei Farben der Palette als Kernfarben auswählen. Zu viele bunte Details lassen einen Raum unruhig wirken. In meinem Schlafzimmer habe ich mich für das Gelb und das Blau aus dem bunt gestreiften Kopfteil des Bettes entschieden. Da ich die Farben nur mit wenigen Elementen aufgreife – mit den gelben Nachttischen sowie in den Vorhängen und der Tagesdecke in Blau-Weiß –, bleibt das Betthaupt der Blickfang des Raumes. Abschließend wählte ich kräftiges Pink als Akzentfarbe, die sich auf dem Urlaubsfoto an der Wand in Form einer prächtigen Bougainvillea findet und in der rosafarbenen Schrift auf einem Dekorkissen.

Fröhliche FIESTA

Nichts wirkt heiterer als bunte Farben. Damit sie auch als Raumkonzept überzeugen, beschränken Sie sich auf wenige bunte Elemente und greifen einzelne Farben dann in anderen Objekten im Raum auf.

Diesem schlichten Lampenschirm habe ich durch bunte Pompons einen individuellen Touch gegeben. Eine wunderschöne Verwandlung in nur fünf Minuten!

Streifenmuster und Patchwork wirken in bunt besonders ausgefallen. Halten Sie für Ihren persönlichen Regenbogen nach originellen Stücken Ausschau.

STRAHLENDE STREIFEN (linke Seite) In meinem Schlafzimmer habe ich alle Farben und Muster auf das bunt gestreifte Kopfteil des Bettes abgestimmt.

Streichen Sie die Wände
unter Dachschrägen weiß,
damit diese Räume größer
wirken. Farbe können Sie
hier leicht über Möbel,
Lampen und Textilien ein-
bringen.

FARBENFROH FRIEDLICH
Das klare Weiß der Wände,
des Bodens und der Vorhänge in diesem Schlafzimmer
in den Niederlanden wird
durch die bunten Strick-
waren und das auffällige
Kopfteil aufgebrochen.

5
FÜNF WEGE ZUM HEITEREN RAUMGEFÜHL

Unser Schlafzimmer ist der private Bereich, in den wir uns nach einem hektischen Tag zurückziehen. Das bedeutet aber nicht, dass wir Farben aus ihm verbannen müssten. Es geht vielmehr darum, die richtige Balance zu finden und leuchtende Farben strategisch einzusetzen. In der richtigen Kombination aus wohligem Weiß und belebenden Farben wachen Sie stets mit einem Lächeln auf.

BLAUER BLICKFANG
Das Betthaupt im Schlafzimmer dieses niederländischen Hauses wurde aus recyceltem Palettenholz gefertigt, erst weiß gestrichen und im unteren Teil dann leuchtend blau übermalt. So wird es zu einem stilprägenden Element.

★ **KLAR, NICHT KLINISCH** Sind die leuchtend bunten Elemente im Schlafzimmer nicht sichtbar, wenn Sie im Bett liegen, dann verliert der Raum nichts von seiner ruhigen Ausstrahlung. Daher bietet sich das Betthaupt als Fokus an, dessen Farbthema Sie abgemildert mit einem Teppich oder Bettüberwurf fortsetzen können. Mit seinen weißen Wänden wirkt der Raum ruhig, statt klinisch steril.

★ **WENIGER IST MEHR** Ich liebe lebendige Arrangements aus Souvenirs und Kitsch. Im Schlafzimmer haben sie meiner Meinung nach aber nichts verloren, da sie dort für Unruhe sorgen. Ein geliebtes Kleidungsstück an einem schönen Kleiderbügel oder ein paar hübsche Bilder an der Wand reichen dort völlig aus.

★ **ENTSPANNT ERWACHEN** Mit ein oder zwei persönlichen Andenken runden Sie das Raumkonzept ab. Ein Kissen von einer Urlaubsreise oder eine Karte, auf der alle Ihre bisherigen Reiseziele markiert sind – solche Dinge erlauben es uns, zu entspannen und zu träumen.

★ **IMMER ZUR HAND** Im Schlafzimmer sollte alles unkompliziert sein. Die Nachttischlampe ist perfekt, wenn der Schalter gut erreichbar ist, und meist ist auch eine Ablage für den aktuellen Lesestoff gefragt.

★ **HIMMLISCHE HAPTIK** Wer schwingt die Beine schon gerne aus dem Bett auf blanken Boden? Ein weicher, gemusterter Teppich macht das Aufstehen zum Genuss. Auch bei der Bettwäsche darf es ruhig etwas komfortabel zugehen – wir verbringen schließlich nahezu unser halbes Leben im Bett.

Drei einfache Schritte

1. Witziger Lampenschirm

2. Kräftig gemusterte Kissen

3. Farbenfroher Läufer

zum lebendigen Beige!

IN FARBE SCHWELGEN
(diese Seite) Mit den verschiedenfarbigen Kissen wirkt dieses Esszimmer gut gelaunt und einladend. Das lustige Löwenbild und die bunten Blumen tragen zum freundlichen Ambiente bei.

BUNTE BLÜTEN
(rechte Seite, oben) Die leuchtenden, reichen Blüten lenken durch ihre Mischfarbe von der markanten Farbwirkung der Kissen ab.

AUFHÄNGER
(rechte Seite, unten) In einem Schlafzimmer in Norwegen wurde diese schwer nutzbare Ecke mit einem violetten Bücherbord, einem bunten Bild und einer minzfarbenen Lampe aufgewertet.

BUNT UND WEISS

Sie haben keine eindeutige Lieblingsfarbe? Das ist nicht tragisch, denn ein weiß gehaltener Raum gewinnt durch bunte Accessoires. Lassen Sie Ihren wechselnden Farbvorlieben Platz zur Entfaltung, indem Sie Weiß als Grundfarbe wählen. Betrachten Sie den Raum als eine leere Leinwand, die Sie nach Lust und Laune gestalten. Wenn Sie einer Farbe überdrüssig sind, tauschen Sie schlicht die Dekoration aus. Farbakzente sind ohne großen Aufwand zu zaubern, etwa mit bunten Kissen auf einer Bank oder mit einer Vase voller leuchtender Blumen. Eine eher triste Raumecke lässt sich mit einem bunten Bord für Zeitschriften und Bücher hübscher gestalten, und wenn ein Sofa in Naturtönen nach Farbe ruft, nutzen Sie einfach gemusterte Dekorkissen in allen erdenklichen Farben, um dem gemütlichen Möbelstück zum großen Auftritt zu verhelfen.

SO KOMMT FARBE INS HAUS

FLUR & DIELE

ZUR BEGRÜSSUNG EINE UMARMUNG AUS FARBE

Auf der Welt gibt es zahllose Arten, wie Menschen einander begrüßen – mit einem Handschlag, einer Verbeugung, mit Küsschen und so fort. Für mich ist und bleibt die schönste Art, Besuch bei mir zu Hause zu empfangen, eine Umarmung – mit Farbe. Schließlich gibt es nichts Einladenderes und Gastfreundlicheres als eine leuchtend gelbe oder blaue Haustür, die einen bei der Ankunft mit Farbe umhüllt. Wer durch eine fröhlich gestrichene Eingangstür eine freundliche Situation schafft, der wird sich nicht nur selbst jedes Mal wohlfühlen, wenn er nach Hause kommt, sondern dieses Gefühl auch all jenen vermitteln, die ihn schätzen und lieben. Und wenn Sie ein paar Tipps in diesem Buch beherzigen, dann wird sich das farbenfreudige Willkommen sicherlich nicht auf die Haustür beschränken, sondern lediglich einen Vorgeschmack darauf geben, was im Inneren zu erwarten ist. Ein schönes Beispiel ist der Eingangsbereich in Raina Kattlesons New Yorker Landhaus (rechte Seite). Die azurblaue Haustür öffnet sich auch farblich in den Hausflur, der mit einem helleren Himmelblau fortfährt. Beides stimmt die Besucher darauf ein, dass Raina beim Einrichten keine Scheu vor Farben hat. Doch trotz der farbigen Wände wirkt der Eingang nicht erdrückend. Er strahlt Frische und Gastfreundschaft aus und zeigt die heitere Atmosphäre, die dieses Haus bestimmt.

WILLS RAUMANALYSE
B B
FREUDIGE BEGRÜSSUNG

NUR MIT DER RUHE (oben) Decke und Boden im Flur dieses Hauses in Norwegen sind in Reinweiß gehalten, um das Tageslicht optimal zu nutzen. Der Läufer und die Tapete in zartem Blau bringen einen sanften Schimmer in den Raum.

BETÖREND BLAU (rechte Seite) Im Eingangsbereich dieses amerikanischen Hauses gibt die azurblaue Eingangstür den Ton vor, den die Wände in einem lichteren Ton aufgreifen. Die Farbe grenzt zudem den Flur innerhalb des offenen Bereichs ab.

Diese geometrischen Muster aus Farbresten und -proben verwandeln die Wand in ein Kunstwerk.

SCHÖNE ÜBERGÄNGE

Flur und Eingangsbereich werden häufig vernachlässigt und nur als Durchgang betrachtet. Dabei bieten uns diese räumlichen Übergänge gerade die Möglichkeit, etwas gewagtere Ideen umzusetzen und mit Farben, Mustern und Ideen zu experimentieren, an die wir uns in einem der Zimmer vielleicht nicht herantrauen würden. Denn da wir hier weder essen noch schlafen, relaxen oder arbeiten, müssen wir bei den Dekorentscheidungen nicht alles Mögliche beachten. Behalten Sie diesen Aspekt im Hinterkopf, wenn Sie Ihrem Eingangsbereich mit diesen schnellen und einfachen Tipps eine fröhliche Note geben möchten:

★ **MITREISSENDE MUSTER**

Mit Farbresten oder -proben und Kreppband lassen sich aus geometrischen Formen kleine Kunstwerke an die Wände zaubern.

★ **PRAKTISCHE TAFEL**

Eine mit Tafelfarbe gestrichene Wand beim Eingang ist ideal für Notizen und liebevolle Botschaften.

★ **GLEICH ZWEIMAL PRAKTISCH**

Auf ein paar bunt gestrichenen Stühlen kann man nicht nur Platz nehmen, um sich die Schuhe anzuziehen, sondern darunter auch Aufbewahrungsboxen für Mützen und Schals verstauen.

VERBORGENE TÜR (linke Seite) Geometrische Formen in Petrol, Pilzbraun und Safrangelb geben der Wand einen plastischen Effekt und kaschieren die kleine Tür am Ende des Flurs.

ROTPUNKT (unten links) Die verstreuten roten Akzente in diesem kühl-weißen Aufgang zu einer Stockholmer Wohnung wirken heiter. Die kleine Fuchsskulptur an der Treppe greift die Farbe der gegenüberliegenden Fassade auf.

BLACK BEAUTY (unten rechts) Die mit Tafelfarbe gestrichene Tür eines Wandschranks macht die sonst kaum nutzbare Fläche nicht nur zum Blickfang, sondern auch zum praktischen Ort für die Einkaufsliste.

BLUMENMEER (diese Seite) Die hübsche Blumentapete in der Garderobe dieses schwedischen Sommerhauses bildet die perfekte Kulisse für den abgewetzten Stuhl und den ausgestopften Vogel an der Wand.

LÄNDLICHES IDYLL (rechte Seite) Eine hölzerne Flügeltür führt in diesen mit einer stilvollen Glaswand abgetrennten Eingangsflur eines Bauernhauses in Nordspanien. Dort ist genügend Platz, um die Außenwelt ins Haus zu lassen — sogar wortwörtlich, denn die Pferde schauen immer gerne herein!

Offen für alle Welt

FARB-
WILLS
GEHEIMNIS

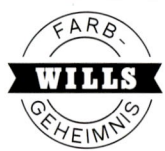

Bei der Kombination verschiedener Weißtöne wie in der Diele rechts lässt sich durch wenig Farbe optische Tiefe erzeugen. Die Norwegerin Ingrid Aune Westrum wählte dafür in ihrem Haus Grau und Gelb und setzte sie auf den Schubladenfronten und dem Spiegelrahmen ein. Auf dieser dezenten Basis kann Ingrid jederzeit nach Belieben mit hübschen Accessoires wie dem Bild und den Vasen in verschiedenen Akzentfarben umdekorieren.

AUGENSCHMAUS (diese Seite) Die edle Verbindung von Grau und Goldgelb verleiht der Flurecke eine sommerliche Note. Der große Spiegel sorgt für extra viel Licht, und der Flurschrank bietet außer Stauraum einen Schuss Farbe.

MUNTER MARITIM (rechte Seite) In diesem Haus auf Shelter Island sind Fadenbilder ein passender Wandschmuck. Die Schnüre korrespondieren mit den kräftigen Farben der Zimmertüren.

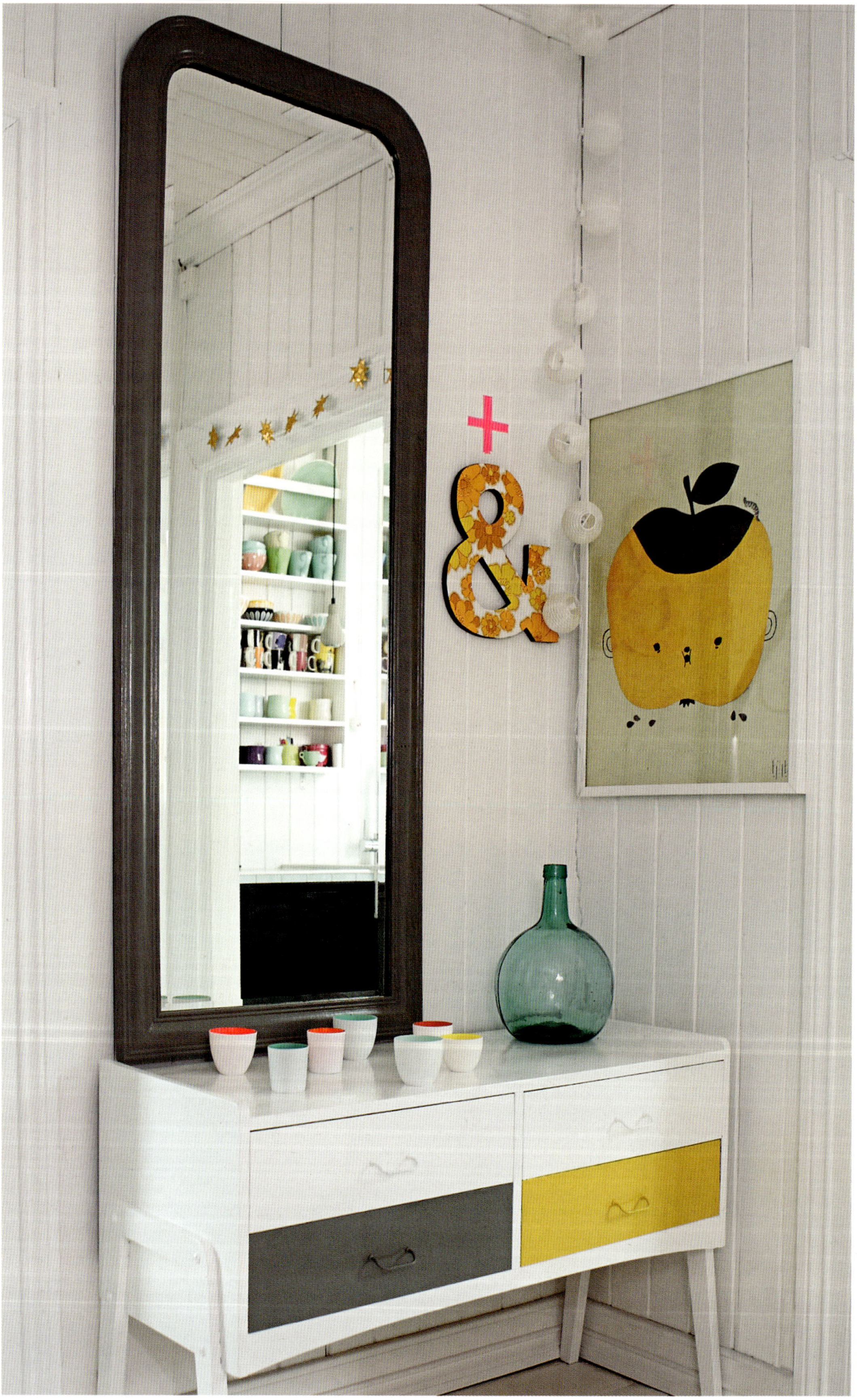

WENN DIESE WÄNDE SPRECHEN KÖNNTEN

Auch wenn Ihre Wände eher wortkarg sind, so können Sie sie dennoch zum Gesprächsthema machen. Lassen Sie sich von Jonathan Adler und Simon Doonan inspirieren, die Dan Balgley engagierten, um Schiffsbilder mit Nagel und Faden an ihre Wände zu knüpfen. Diese Wandmotive sind so ausgefallen und interessant, dass sie stets die Aufmerksamkeit der Besucher auf sich ziehen. Die Moral von der Geschicht': Es gibt keinen Grund, die Flurwände zu vernachlässigen! Selbst wenn sich auf dem Boden Schuhe und Taschen sammeln – der Alltag gewinnt in der Regel die Oberhand –, solche kleinen Kunstwerke werden Sie jederzeit erfreuen.

WOHNZIMMER

MIT FARBEN ENTSPANNEN

In unserer multimedial gesteuerten Welt fällt es oft schwer, sich zu entspannen. Einerseits ist es großartig, dass praktisch jederzeit alles verfügbar ist, auf der anderen Seite verhindert dieser ständige Zugriff auf E-Mails, Nachrichten und soziale Medien, dass wir zu Hause wirklich zur Ruhe kommen. Auch wenn es das Internet in meiner Jugend schon gab, erinnere ich mich doch gut an die Zeit, als das Netz mein Leben – und die Welt – noch nicht bestimmte. Stundenlang spielte ich in unserem Wohnzimmer Puppentheater. Als Kind träumte ich davon, Bühnenbildner zu werden. Wenn ich ein neues Theaterstück gesehen hatte, baute ich die Kulissen aus Holz und Stoff nach. Schon damals war ich von Farben fasziniert, und eine meiner lebendigsten Erinnerungen sind die exotischen Kulissen von „Tausendundeine Nacht" im Theater unseres Ortes. Meine Mutter erzählt gerne, wie ich nach vorne gebeugt mit staunenden Augen dasaß und mich die gesamten zwei Stunden der Aufführung nicht rührte. Vielleicht war dies der Beginn meiner innigen Liebe zur Farbe. Auch wenn ich mich für eine andere Laufbahn entschieden habe, denke ich gerne daran, wie glücklich ich im Wohnzimmer spielte. Die Türen zum Garten waren von Vorhängen mit einem hübschen, korallenroten Blumenmuster gerahmt, die an das Blütenmeer in den Beeten erinnerten. Es gab zwei helle minzfarbene Sofas, einen alten Holztisch mit abblätternder weißer Farbe und einen heimeligen Ofen, der in einem alten, gemauerten Kamin stand. Der Raum hatte mit seinen gedeckten Farben etwas sehr Gelassenes – das gemütlichste Wohnzimmer, das ich je gesehen habe. Bis heute habe ich diese Bilder vor Augen, wenn ich mich in meiner Wohnung entspannen möchte. Telefon und Laptop weichen auf meinem bunten Sofa Bergen von Kissen und Zeitschriften und dem Duft romantischer Kerzen. Die meisten Menschen sagen, das Schlafzimmer sollte der ruhigste Raum sein. Aus meiner Sicht brauchen wir aber auch ein Zimmer, in dem wir tagsüber entspannen können. In diesem Abschnitt finden Sie viele verschiedene Stile, wie Sie ein Wohnzimmer gemütlich gestalten können. Ihnen allen ist eines gemeinsam: Das Geheimnis ihrer Gemütlichkeit liegt in den Farben!

WILLS RAUMANALYSE
B
B
ENTSPANNTE WOHNRÄUME

FARBZENTRUM (oben) In kräftigen Farben gestrichene Holzmöbel lenken den Blick im offenen Wohnbereich dieses spanischen Bauernhauses Richtung Boden. Um den Couchtisch gruppiert, erzeugen die bunten Möbel auch einen optischen Mittelpunkt, der den Sitzbereich vom Rest des Raumes abgrenzt.

KÜHLE KONTRASTE (rechte Seite) In diesem hohen Wohnraum stehen sich bunte Holzmöbel und die raue Struktur der Holzbalken und des Steinbodens gegenüber. Der moderne Couchtisch aus Stahl und die Gemälde bilden einen gelungenen Kontrast zu den diversen Eisenelementen in diesem Zimmer.

ETHNO-SCHICK Die Bewohner dieses Lofts in Kopenhagen haben sich im Wohnzimmer aus Paletten, Matratzen und Decken mit Paisley-Muster eine gemütliche Sitzlandschaft geschaffen. Zahllose Kelim-Kissen in kräftigen Orange- und Rottönen tragen zur entspannten Atmosphäre bei.

Mit Bildern passend zu den Farben der Einrichtung verwandeln sie weiße Wände in Ihre private Galerie.

FRÖHLICHER FARBMIX

Ein Grund, warum ich Farben so liebe, ist meine Überzeugung, dass wir damit unsere Persönlichkeit ausdrücken und so unser Zuhause individuell formen können. Ich besuche gerne Freunde und Familie und sehe mir an, wie sie mit Farben ihre Vorlieben, Ideen und Träume auf die leere Leinwand ihrer Wohnung gezaubert haben. Und das Schönste ist, dass jeder sie dabei anders einsetzt. Manchmal unterscheiden sich Wohnungen nur durch leichte Farbnuancen, manche sind völlig gegensätzlich. Und genau darin liegt für mich der Reiz beim Gestalten mit Farben: Sie machen jeden Raum einzigartig. Während des Studiums lebte ich in einer Wohngemeinschaft, und ich fand es faszinierend, wie unterschiedlich wir fünf in unseren Zimmern mit Farbe umgingen. Ich hatte mit kräftigen indigoblauen Textilien, einem blauen Batiküberwurf auf dem Bett und einem einfachen blauen Streifenteppich ein maritimes Ambiente kreiert. Meine Mitbewohnerin Sophie entschied sich für Weiß, gepaart mit Schreibtisch-Accessoires und Bettwäsche in zartem Blaugrün, was zu ihrem eleganten, traditionellen Geschmack passte. Jess strich die Kamineinfassung in ihrer Lieblingsfarbe Gelb an und wählte dafür den knalligsten Gelbton, den sie finden konnte – ein wunderbares Abbild ihres quirligen Naturells. Ich wohnte also in einem Haus mit einem frohen Farbmix, der wunderbar funktionierte, da die Räume die Persönlichkeiten ihrer Bewohner widerspiegelten. Und genauso handhaben die Bewohner der hier vorgestellten Häuser Farbe, von den kühlen, skandinavisch inspirierten Weißtönen und bunten Farbspritzern im Haus in den Niederlanden bis hin zur rustikal-pittoresken Individualität des Bauernhauses eines Künstlers in Spanien – sie alle nutzen Farben auf ihre ganz eigene Art und Weise.

HELL UND LEUCHTEND

(oben) Mit Dekoelementen in einer Mischung aus Pastell- und Neonfarben hat Anki Zilverblauw ein Wandregal bestückt. Die Objekte kann sie je nach Stimmung oder Saison austauschen und die Wand so farblich verändern.

DESIGN-FUNDE

(Seiten 134–135) In ihrem New Yorker Landhaus beweisen Bradford Shellhammer, Mitbegründer und Creative Director von Fab.com, und sein Partner, wie gut Schwarz und bunte Farben zusammenpassen. Die schwarz-weiße Basispalette wird durch Designermöbel und verspielte Accessoires in den Primärfarben Rot, Blau und Gelb ergänzt.

KÜNSTLERISCHE FREIHEIT

(rechte Seite, oben) Gerahmte Pappmaché-Tierköpfe in verschiedenen kühlen Blautönen zieren die Wand des Gästezimmers in diesem spanischen Bauernhaus. Sie zeugen von der künstlerischen Ader des Sohnes des Hauses, Javier.

GENIAL GEMALT

(rechte Seite, links) Eines von Mariska Meijers' bunten Gemälden schmückt eine gemütliche Ecke ihrer Amsterdamer Wohnung und belebt diese Wand mit der Leuchtkraft der frischen Farben.

COOLE HANDARBEIT

(rechte Seite, rechts) Designerin Ingrid Jansen schafft in ihrem Wohnzimmer eine coole und zugleich heitere Atmosphäre, indem sie einen aus recyceltem Holz gefertigten Beistelltisch, selbst gestrickte Kissen und ein altes Ledersofa mit gefundenen Accessoires kombiniert.

WILLS RAUMANALYSE
B B
LEBENDE RÄUME

Schwarz liebt bunte Farbtupfer!

STIMMUNGSVOLLE REGALE

Ich neige bei der Raumgestaltung eher zum Maximalismus als zum Minimalismus. Für mich sind Wohnungen einfach schöner und gemütlicher, wenn die Einrichtungsgegenstände mir Geschichten erzählen über die Menschen, die sie bewohnen. Daher rührt auch meine Liebe für Regale. Auf eine sehr poetische Weise geben sie uns die Gelegenheit, mit unseren farbigen Besitztümern etwas auszusagen. Die Borde meines Regals sind für mich wie kleine Bühnen, auf denen ich meine Lieblingsobjekte in Szene setze. Ich betreibe dies aber nicht mit tiefem Ernst, sondern mische Gegenstände lieber bunt durcheinander, von der Schreibmaschine vom Flohmarkt, die meinen Hang zum Schreiben versinnbildlicht, bis hin zu der Eulen-Keksdose, die meine Vorliebe für Eulen und für Kekse dokumentiert. Der scheinbar beliebige Charakter der Arrangements macht seinen Charme aus. Aber auch mit vielen gleichartigen Elementen, wie etwa Unmengen von Büchern, lassen sich Farbarrangements herstellen. Sortieren Sie Ihren Lesestoff einfach einmal nach Farben und Farbschattierungen, und ihr praktisches Regal wird wie nebenbei zum bunten Kunstwerk, das die Blicke auf sich ziehen wird.

MAGISCHE MISCHUNG (oben) In meinem robusten Lagerregal aus Stahl und Akazienholz bewahre ich verschiedenste Gegenstände auf, von Kissen über meine liebsten Kochbücher bis hin zu Flohmarktfunden. Sie machen es zum farbigen Blickfang.

KUNSTVOLL KOORDINIERT (rechts) In diesem Wohnzimmer in Glasgow wird das Regal durch farbliche Sortierung zum Kunstwerk. Sowohl die Bücher als auch die Möbel sind nach Farbfamilien zusammengestellt und erzeugen so kleine Farbinseln im Raum.

WIE DIE SPATZEN AUF DER STANGE (rechte Seite) Dieses halbhohe Bücherregal in einem Haus in Norwegen zeigt, dass durchorganisierte Regale nicht langweilig wirken müssen. Durch die Sortierung der Magazine, Alben und Boxen nach Farben und Größe ist alles stets griffbereit. Ein Arrangement auf dem obersten Bord lockert die strenge Ordnung auf.

WILLS FARB-GEHEIMNIS

Behalten Sie auch bei einem formal klareren Look die Farbpalette im Auge. Kombinieren Sie Objekte verschiedener Schattierungen einer Farbe und nutzen Sie Gegenstände in Komplementär- oder Kontrastfarben als Akzente. Ausgefallene Stücke beleben das Gesamtbild und lassen die Gruppierungen natürlicher wirken.

BUNTE WOHN-ACCESSOIRES

Sie möchten Ihre Wände nicht farbig streichen und auch kein Sofa in einem kräftigen Ton anschaffen? Keine Sorge, mit Accessoires in feurigen Farben können Sie ganz einfach und schnell eine gut gelaunte Farbwelt schaffen. Eine Couch in gedeckten Tönen erhält durch Wurfkissen mit Blumenmustern in kräftigen Pastelltönen schnell eine moderne Anmutung. Oder wie wäre es, wenn Sie Ihr Lieblingsbild neben einer farblich passenden Vase an die Wand lehnen? Das Schöne an der Gestaltung mit farbigen Accessoires ist, dass Sie den Raum jederzeit innerhalb von wenigen Minuten verändern können.

WILLS RAUMANALYSE
B B
DER LETZTE SCHLIFF

FRÖHLICHE FARBEN (oben links) Ich nutze diese robuste Ablage in meinem Wohnzimmer, um verschiedenste Accessoires auszustellen, von hübschen Kissen über Vasen bis hin zu Bildern und bunten Drucken.

PERFEKT PLATZIERT (links) Diese bunte Druckgrafik und die blau-grüne Vase bringen Leben in eine Ecke meines Schlafzimmers – dazu passt der Läufer perfekt.

KUNSTVOLLE KERAMIKEN (oben) Blau-weißes Delfter Porzellan auf einem abgegriffenen, blaugrünen Board sorgen in diesem Glasgower Wohnzimmer für ein schönes Farbenspiel.

POPPIGE PARADE (linke Seite) Mit Bergen aus Kissen, deren Muster sie selbst entworfen hat, verleiht Fiona Douglas dem naturfarbenen Sofa in ihrer Wohnung eine heitere Note.

3

IN DREI SCHRITTEN
ZUR WOHN-LICHEN LOFT-ATMOSPHÄRE

Ein Wohnzimmer in einem Industrieloft muss nicht kalt wirken. Mit den richtigen Dekokniffen kann es cool und elegant, aber trotzdem gemütlich sein.

★ **PRIVATGALERIE** Nichts ist so persönlich wie die Kunst, mit der wir unsere vier Wände schmücken. Die Auswahl der Werke prägt zudem den Raumcharakter. Stellen Sie eine Galeriewand zusammen, die farblich mit den Materialien und der Stimmung des Raumes harmoniert.

★ **TRAUMHAFTE TEXTUREN** Ein Sofa voller Kissen in weichen, warmen Stoffen bildet ein schönes Gegengewicht zu kargen Böden und robusten Möbeln. Eine Kombination verschiedener Textilien wie weiche Baumwolle, Jute und Sackleinen setzt der strengen Atmosphäre des Industrielofts etwas Wohnliches entgegen.

★ **KRAFTVOLLE FARBEN** Tiefe Farben mit einem leicht verwitterten Charme fügen sich nahtlos in die Loftästhetik ein. Mit kräftigem Ocker, mattem Smaragdgrün, Safrangelb, Rostrot und Terrakotta sind Sie auf dem richtigen Weg.

LEBEN IM LOFT (rechts) In diesem Kopenhagener Loft entstand aus Paletten, verspielten Tagesdecken und vielfältig gemusterten Kissen eine gemütliche Sitzecke. Die Kunst greift die Farben der Kissen auf und rundet das Bild ab.

STILVOLL GEALTERT (rechte Seite) Kombiniert mit Industrieleuchten und ausgefallenen Kunstwerken, passt dieser in die Jahre gekommene Ledersessel perfekt in das Flair des alten Lagerhauses.

BUNTE BALANCE Im Gästezimmer meiner Londoner Wohnung wollte ich ein buntes und dennoch ruhiges Ambiente schaffen. Daher legte ich mit den matt-rosafarbenen Wänden ein Gegengewicht zu den kräftig gemusterten Kissen und Vorhängen an. Die Fotos an der Wand greifen die Rosa- und Gelbtöne der Farbpalette auf, und die Jielde-Leselampe ist die perfekte Ergänzung des grauen Sofas.

KUNTERBUNTE KISSEN

Ich gestehe: Ich bin süchtig nach Kissen! Wo immer ich schöne Kissenhüllen erspähe, muss ich sie mitnehmen und in ein kunterbuntes Arrangement verwandeln. Die gekauften Kissen ergänze ich dann mit eigenen Kreationen, die ich aus Stoffresten nähe. Da ich so viele Kissen habe, dekoriere ich damit nicht nur das Sofa, sondern stapele sie auch im Bücherregal oder lasse sie aus Rattankörben lugen. Durch die Vielfalt an kräftigen Mustern, lustigen Motiven und luxuriösen Stoffen bieten mir meine Kissen die Möglichkeit, ein Zimmer blitzschnell umzudekorieren, wenn ich Lust dazu habe.

BONBONFARBEN (oben) Diese Bank am Fenster eines Hauses in Norwegen ist mit pastellfarbenen Kissen bestückt. Ein paar eingestreute Neonfarben beleben die ruhige Farbkombination.

MUNTER MISCHEN (unten) Diese bunten Kissen aus meiner Wohnung und einem Landhaus in New York zeigen, wie charmant Kissen in diversen Stilen, Farben und Mustern wirken können.

WILLS RAUMANALYSE
B
B
SCHÖNER SITZEN

LÄSSIGER STIL Trotz der leuchtend limettengrünen Wände schafft Designerin Raina Kattleson in ihrem Landhaus eine einladend entspannte Stimmung. Zeitlos elegante Schwarz-Weiß-Bilder und ein weiß bezogenes Sofa im Landhausstil dämpfen den kräftigen Farbton der Wände. Gepaart mit den dekorativ abgenutzten Beistelltischen aus Holz und Metall, sorgt der 50er-Jahre-Couchtisch für einen nonchalanten Stil.

TERRASSE & BALKON

IN BUNTER NATUR

Vergessen Sie die freie Natur – für mich dreht sich alles um die bunte Natur, je bunter, desto besser! Als Kind hatte ich das große Glück, mitten auf dem englischen Land aufzuwachsen. Vom Fenster im Obergeschoss ging der Blick, so weit das Auge reichte, über eine grüne Hügellandschaft. An Silvester zur Jahrtausendwende musste meine Mutter arbeiten, und mein Bruder war eingeladen. Punkt Mitternacht eilten meine Großmutter und ich an mein Schlafzimmerfenster und bestaunten die Feuerwerke der umliegenden Städtchen und Dörfer. Wo man auch hinschaute, überall leuchteten herrlichste Farben am schwarzen Nachthimmel auf – ein wahrhaft magischer Moment. Aber auch tagsüber war meine Umgebung bunt. Apfel-, Birnen- und Pflaumenbäume trugen im Frühling zarte Blüten, und die Bauernbeete und die Pflanzkübel im Hof quollen über von farbenfrohen Sommerblumen.

Bisher habe ich selbst noch keinen Garten, aber ich träume oft davon, wie ich ihn gestalten würde. Es sollte verschiedene Bereiche geben, vom traditionellen Cottage-Garten voller frischer Blüten bis hin zum eher symmetrischen Ziergarten mitsamt verwittertem Eisentisch und Stühlen an einem Wasserlauf. Derzeit gebe ich mich damit zufrieden, einen Olivenbaum zu besitzen, der in einem großen blauen Topf auf meinem Balkon steht und den ich liebevoll Enzo nenne. Wenn die Witterung drückend grau ist, entführt er mich in wärmere Gefilde. Und genau das ist das Schöne an Balkonen, Terrassen und Gärten: Egal wie klein sie sind, sie sind Orte der Entspannung, an denen wir dem Alltag entfliehen. Ob Sie einen grünen Daumen haben und nachmittags gerne Ihre Blumenbeete pflegen oder lieber ein buntes Handtuch auf den Boden werfen und einfach mit einem Buch die Sonne genießen – in diesem Abschnitt geht es darum, die Außenbereiche mit bunten Farben optimal und ganz persönlich zu gestalten.

AUSRUHEN (linke Seite) Dieses Sonnendeck am Pool von Jonathan Adler und Simon Doonan auf Shelter Island lädt zur Badepause im Hängestuhl, der in den Farben von Jonathans Textildesigns erstrahlt.

RAN AN DIE TÖPFE (rechts) Wenig Platz und Zeit? Ein mit Sukkulenten bepflanzter Topf in einer leuchtenden Farbe hellt eine schattige Ecke von Balkon oder Terrasse sofort auf.

WILLS RAUMANALYSE
B B
SONNIGE FARBEN

Ich liebe Terrassen, die wie gemütliche Wohnzimmer wirken.

Ein unterwartetes Element lässt Räume und Farbarrangements häufig besonders beeindruckend wirken. Eine Methode, Farbkombinationen zum Leuchten zu bringen, ist das Spiel mit Kontrasten. Eine dezente schwarze Basis fügt sich mit fröhlichen Leuchtfarben zu einer überzeugenden Farbpalette.

KUSCHLIGE KISSEN (linke Seite) Großzügig mit bunt gemusterten Kissen ausgestattete Sitzecken schaffen eine einladende Wohnlandschaft auf dieser Terrasse. Vor der schwarzen Wand leuchten die Farben umso kräftiger.

POOLPARTY (Seiten 148–149) Das Sonnendeck am Pool von Jonathan Adlers und Simon Doonans Wochenendhaus wirkt wie ein gemütliches Wohnzimmer. Mit seinem hübschen Hängesessel und luxuriösen Textilien lädt es an warmen Sommertagen zu entspannten Stunden mit Freunden ein.

ZUM WOHL! (oben) Mit bunten Melamin-Bechern und einer originellen Kanne wird auch eine einfache Limonade – ob selbst gemacht oder fertig gekauft – zu einem kleinen Ereignis.

TOPF-STARS (rechts) Dieses Trio aus gestreiften Übertöpfen verleiht dem Sonnendeck einen grafischen Touch.

KÜCHE & ESSZIMMER

RÄUME VOLLER GESCHICHTE, GEFÜHL UND GEBALLTER FARBE

Wenn ich ein Haus zum ersten Mal besuche, hinterlassen die Küche und der Essbereich meist die nachhaltigsten Eindrücke. Für mich sind dies die wichtigsten Räume, denn sie erlauben oft einen unmittelbaren Einblick in die Persönlichkeit der Bewohner. Sie stecken voller Geschichte und Geschichten. Überlegen Sie einmal, wie viele wichtige Entscheidungen Sie in Küche und Esszimmer schon getroffen haben. Als Kind haben Sie wahrscheinlich am Esstisch mit Ihren Eltern über die Schule gesprochen, als Erwachsener haben Sie dort vielleicht bei einem guten Essen Eltern und Freunden die geplante Verlobung oder Ihre Schwangerschaft mitgeteilt. Solche Zusammenkünfte am Esstisch – vor allem wenn alle gemeinsam gekocht haben – sind ganz besondere Momente, ob nun in großer Runde oder im intimen Kreis der engsten Freunde. Das ist auch der Grund, warum Grillpartys im Sommer so beliebt sind. Jeder trägt etwas dazu bei: Einige schüren die Glut, andere decken den Tisch, und die Nächsten bereiten Salate und Dessert vor – und alles trifft sich zum selbst zubereiteten Essen. Mit meiner Verlobten habe ich immer Wohnungen mit offener Küche gewählt, weil wir uns beim Kochen gerne unterhalten. Unter der Woche haben wir selten Zeit und Muße, das Kochen zu genießen. Daher backen wir am Wochenende gerne gemeinsam oder probieren neue Rezepte aus. Das ist für uns Entspannung pur. Zudem ist es fester Bestandteil unserer Ferien. Statt ein Zimmer im Hotel mieten wir lieber eine Ferienwohnung, in der wir nach Lust und Laune und ohne Zeitdruck kochen können. Kochen ist für mich keine Arbeit. Ich fühle mich dabei meiner Umgebung noch enger verbunden. Es gibt eigentlich nichts Schöneres, als in einer heiteren Umgebung meiner Leidenschaft für das Kochen nachgehen zu können – am liebsten in solchen Räumen mit Charakter wie den Küchen und Esszimmern, die ich auf den folgenden Seiten vorstelle.

WILLS RAUMANALYSE

VOLL BUNTER FARBEN

GEMÜTLICH ESSEN (oben)
Das zusammengewürfelte Porzellan und Besteck kommt auf diesem weiß gestrichenen, alten Holztisch in einem Haus in den Niederlanden wunderbar zur Geltung.

NORDISCH HELL (rechte Seite)
Die strahlend weißen Böden und Wände dieses Hauses in Norwegen schaffen eine neutrale, entspannte Grundstimmung und angenehmes Licht. Sie bilden den idealen Hintergrund für die fröhlichen Pastelltöne der Kissen auf der Bank am Fenster, die bunten Stühle und das farbenfrohe Geschirr.

KOLLISION DER CHARAKTERE (Seiten 154–155) Bradford Shellhammer, Mitbegründer und Chefdesigner von Fab.com, hat eine Wand in der Küche seines Wochenendhauses mit Tafelfarbe gestrichen. Mit Kreide hat er sich darauf kreativ ausgelassen und so eine verspielte Atmosphäre geschaffen. An den offenen Holzbalken hängen Pfannen und Töpfe, bunte Utensilien harmonieren mit den Unterschränken aus dunklem Holz.

Der skandinavische Look
aus fröhlich-bunten
Farben und kühlen
Weißtönen ist mein
absoluter Liebling.

EIN HAUCH GLAS
(diese Seite) Die Glastüren
dieses dunkelgrünen Küchen-
schranks geben den Blick auf
das rot gestrichene Innenle-
ben und die hübsche Porzel-
lan- und Glassammlung frei.

INDUSTRIECHARME
(rechte Seite) Abgenutzte
Bodendielen, smaragdgrüne
Hängeleuchten und alte Holzmöbel verleihen dieser Kopenhagener Küche ihren rustikalen Charme.

Die hellblauen Möbel geben der Loftküche eine weiche Note.

Sie brauchen einen Raum nicht gleich komplett umzugestalten und anzustreichen, um Farbeffekte zu kreieren. Schon bunt gemischte Teller, Tassen, Küchentücher und Schalen in einem offenen Regal sorgen für belebende Leuchtkraft. Damit dieser Ansatz seine Wirkung voll entfalten kann, sollte der Rest des Raumes eher gedeckt sein. So wird das verspielt-bunte Arrangement ein echter Blickfang.

LEUCHTEND BUNTE KÜCHEN IN PERFEKTION

Vor allem in der Küche braucht niemand kräftige Farben zu scheuen, denn hier verbreiten sie eine Stimmung, die Sie beim Kochen beflügeln wird.

★ **TREFFENDE TÖNE** Bei dem Wort „bunt" haben viele direkt grelle Regenbogenfarben vor Augen, doch ein buntes Arrangement aus Küchenutensilien muss nicht aufdringlich sein. Ideal sind gedeckte Pastelltöne. Einzeln wirken sie sanft, zusammen aber entwickeln sie eine freundliche Leuchtkraft.

★ **BUNTE EINHEIT** Ein Arrangement aus Küchengeräten in verschiedenen Farben und Schattierungen ist lebendig und vielseitig. Damit es nicht überladen oder chaotisch wirkt, sollte man Objekte ähnlicher Oberflächen, Materialien und Muster wählen, die sich zu einem harmonischen Gesamtbild zusammenfügen.

★ **WEISS IST HEISS** Die alte Weisheit, dass Gegensätze sich anziehen, trifft auf Weiß und kräftige Farben eindeutig zu. Gekonnt kombiniert, sind diese Kontraste immer eine Freude, denn eine weiße Basis bringt bunte Arrangements erst recht zum Strahlen.

HELL UND HEITER (linke Seite) Die blaue Stalllampe und das mit buntem Geschirr gefüllte Regal bilden einen hübschen Gegensatz zu den schicken schwarzen Küchenschränken und bringen eine heitere Stimmung mit.

INDIVIDUELLE NOTE (oben) Wandregale sind eine unkomplizierte Möglichkeit, Ihre Persönlichkeit zum Ausdruck zu bringen und all Ihre hübschen Utensilien zu präsentieren. In dieser skandinavischen Küche wird aus pastellfarbenem Geschirr ein stimmiges Dekoarrangement.

POPPIGE KÜCHEN-ACCESSOIRES

Die Küchenrenovierung kann schnell zu einer teuren Angelegenheit werden. Aber nicht immer ist es sinnvoll, neue Möbel zu kaufen, um die Küche zu erneuern. Accessoires sind das Mittel der Wahl, wenn die Küche etwas farbenfroher werden soll. Schlichten Schränken und Wänden können Sie mithilfe einiger bunter Dinge von jetzt auf gleich eine heiter-beschwingte Note geben. Wenn die Schranktüren trist wirken, nehmen Sie sie ab und schaffen Sie offene Fächer. Statt das schöne Geschirr hinter Türen zu verstecken, können Sie es auf diese Weise in Ihr Dekor einbinden. Vielleicht besitzen auch Sie ein paar kostbare Teller, die Sie kaum benutzen aus Angst, sie zu zerbrechen. Sie eignen sich hervorragend als edle Ausstellungsstücke und verwandeln eine nichtssagende Wand in eine sehenswerte Galerie.

INSPIRIERENDE UMGEBUNG (unten) Der New Yorker Architekt und Künstler John-Paul Philippe hat seine Schränke mit heiteren Motiven geschmückt, die auf die Szenerie vor dem Küchenfenster auf Shelter Island anspielen.

VOLLER TELLER (rechte Seite) Das Spannungsverhältnis aus Jagdhüttencharme und modernem Dekor mit bunten Tellern macht diese Wand einzigartig und charaktervoll.

WILLS RAUMANALYSE

GENUSSVOLL SPEISEN

Schlichte Bauernhausküche
mit farbigen Highlights

HOME-OFFICE

KREATIV IN VERTRAUTER UMGEBUNG

Da ich als freiberuflicher Lifestyle-Journalist und Blogger arbeite, ist mein Büro ein zentraler Raum meiner Wohnung. Obwohl man heute dank Smartphone und WLAN praktisch überall arbeiten kann, zieht es mich stets in die Geborgenheit meines heimischen Arbeitszimmers. Ich konnte noch nie gut in Cafés oder Bibliotheken arbeiten, sondern sehnte mich immer nach meinem vertrauten Schreibtisch. Zu Hause bin ich von den Dingen umgeben, die mich inspirieren und die ich selbst ausgewählt habe, weil ich mich mit ihnen wohlfühle. Hier habe ich mein wichtigstes Werkzeug immer zur Hand und werde nicht von den Geräuschen und Eindrücken einer fremden Umgebung abgelenkt. So kann meine Kreativität sich frei entfalten. Natürlich befeuern Ausflüge aus dem Büro meine Fantasie und regen mich zu neuen Ideen an, aber wenn ich produktiv sein möchte und meine Arbeit erledigen will, kann ich dies am besten an meinem eigenen Schreibtisch. Dabei helfen mir dann ganz einfache Dinge: An dunkleren Tagen, wenn ich auf den hellen Bildschirm starre, bringt eine Duftkerze mir Inspiration, es beruhigt mich, wenn ich meine Hände über die abgewetzte Oberfläche meines Schreibtischs streichen lassen kann und auch wenn ich mein Bücherregal voller hübscher Kleinigkeiten und anregender Buchtitel ansehe, die ich über die Jahre zusammengetragen habe. Dazu spielt mein Roberts-Radio im Hintergrund leise Musik und stiftet mich gelegentlich zu einem Tänzchen an, während meine Fotos an der Wand mich gedanklich wieder auf die Reisen schicken, auf denen ich schon so viele Anregungen empfangen habe.

MINZINSPIRATION (oben)
Die minzfarbene Schreibmaschine steht als Farbklecks und als schöne Erinnerung an frühere Zeiten auf dem Schreibtisch, während eine einzelne Blume und eine Kerze für eine entspannte Arbeitsatmosphäre sorgen.

ARBEITSECKE (rechte Seite)
Dieser kleine Arbeitsplatz in der Ecke eines Wohnzimmers ist erfüllt von Ruhe. Der alte, blaue Schreibtischstuhl und die gelbe Gelenklampe sind funktional, die Lichterkette steuert eine heitere Note bei, und das Tellerregal bietet Stauraum.

STAURAUM UND DEKO IM BÜRO

In meinen bisherigen Wohnungen habe ich das Büro entweder in einem offenen Wohnraum, in einem anderen Zimmer mit mehreren Funktionen oder in einer Kammer untergebracht. Auf diesem begrenzten Raum galt es dann, Platz für Zeitschriften, Schreibutensilien, Bücher und Erinnerungsstücke zu finden. Aus einem funktionalen Ort wird so jedoch schnell ein überfrachtetes Durcheinander. Ein Schlüssel zum Erfolg ist für mich kreativer Stauraum. Jede Fläche sollte optimal genutzt werden. Die Wände bieten beispielsweise Fläche für Zeitschriftenhalter und Regale. Schränke sorgen für Ordnung, da man Kleinkram ganz einfach hinter ihren Türen verschwinden lassen kann. Zudem können Sie die Möbel in verschiedenen Farben gestalten und so eine anregende und heitere Arbeitsatmosphäre schaffen.

VERLIEBT IN FARBE

(linke Seite) Mein Homeoffice verrät meine Liebe zu Farben. Ich habe zartrosa Wände mit einem abgestoßenen minzfarbenen Schreibtisch kombiniert und dann ein paar Spritzer belebendes Gelb und ruhige Pastelltöne hinzugefügt.

AUSGESTELLT (rechts

unten) Ein ausgedientes Tellerregal dient in diesem Homeoffice in Norwegen zur Aufbewahrung von Schreibutensilien. Die zarten Muster und Pastelltöne heben sich herrlich von der weißen Wand ab.

HOLZ UND WOLLE

(rechts oben) In ihrem Haus in den Niederlanden hat Ingrid Jansen ihre farbenprächtige Wollsammlung in einem alten Schrank untergebracht – ein hübscher Kontrast von weichen und rauen Texturen.

HOCH HINAUS (links)
Das wandhohe Bücherregal in diesem amerikanischen Arbeitszimmer nutzt die Wandfläche optimal aus und bietet jede Menge Stauraum. Der schwarz-weiße Teppich bildet dabei einen tollen Kontrast zu den knallroten Wänden.

REGALGESCHICHTEN (unten links) In einem Landhaus in New York wird eine schmale Ecke mit einer Reihe von Bücherborden zur farblich sortierten Bibliothek. Der Eames-Schaukelstuhl lädt jederzeit zu einer Lesepause ein.

FARBIGE ZWEISAMKEIT
(unten) Die gelungene Kombination von Taubengrau und hellem Terrakotta schafft in diesem Haus in den Niederlanden eine belebende Arbeitsecke. Das Farbduett setzt sich über den Schreibtisch und die Lampe fort bis hin zu den Schreibutensilien.

SKURRIL GEFÄRBT (rechte Seite) Der Besitzer dieses spanischen Bauernhofs nutzt Möbel und Accessoires, um sein Büro farblich zu gestalten. Den türkisen Dinosaurierschädel steuerte sein Sohn, der Künstler Javier Requejo, bei.

Akzentfarben sind
ideal, um ein bereits
eingerichtetes Büro
farblich ein wenig auf-
zuwerten. Mit einem
farbig lackierten Spie-
gelrahmen, gestriche-
nen Möbeln und einem
bunten Teppich erzielen
Sie schnell eine heitere,
spielerische Note – und
das, ohne in neue Büro-
möbel zu investieren.

WILLS RAUMANALYSE
B
B
FARBENFROHER
FRIEDEN

SCHLAFZIMMER

KEIN ORT FÜR DÜSTERE TRÄUME

Wenn ich mit Freunden oder Kunden über das Dekorieren mit Farben spreche, sparen die meisten das Schlafzimmer aus. Die Gründe dafür sind mir klar: Ich kann die Artikel gar nicht mehr zählen, die propagieren, dass ein weißer Raum Ruhe ausstrahlt – und häufig stimmt das ja auch. Solch eine Raumgestaltung kann aber auch kühl, ja sogar klinisch wirken. Für mich bietet ein farbenfrohes Schlafzimmer die Möglichkeit, sich an einen glücklichen Ort zu träumen, an dem wir dem Alltag entfliehen können. Schließlich verbringen wir so viel Zeit mit Schlafen, da sollten wir alles dafür tun, dass düstere Träume keine Chance haben. Mit einer ganz persönlichen Schlafzimmer-Farbpalette, die an besonders glückliche und erholsame Momente erinnert, wird das Schlafzimmer auch jenseits des schlichten Weiß zu einem Ort der Erholung. Wenn die Farben hier schöne Assoziationen wecken, ist dieser Raum am Ende eines langen Tages der perfekte Rückzugsort.

In meinem Schlafzimmer habe ich die Farben verwendet, die mich an einen meiner Lieblingsorte erinnern, die Küste. Da ich im Binnenland lebe, kann ich leider abends nicht bei geöffnetem Fenster zum Meeresrauschen einschlafen. Aber ich setze die Farben ein, die mich in jene Momente absoluter Ruhe zurückversetzen. So strahlt der Raum für mich nichts als Entspannung aus. Die bunten Streifen des Betthaupts erinnern mich an die Bonbonstände der Strandpromenade, und daraus habe ich Blau und Gelb als meine Hauptfarben gewählt. Die Balkontüren sind von blau gestrichenen Wänden flankiert, und die Bettwäsche ist indigoblau und gelb. Aber auch die Texturen sind wichtig. Die bunt gestreiften Teppiche und die superweichen Leinenvorhänge erzeugen Strandhausatmosphäre, und die verschiedenen Stoffe der Kissen mit ihren nautischen Motiven und Mustern sprechen die Haptik an.

STRAHLENDE SCHLAFZIMMER (rechte Seite und unten) Ich habe mein Schlafzimmer in den Farben der Küste gestaltet, die ich so liebe. Das bunte Kopfteil gibt die Blau-, Gelb- und Rosatöne vor, die ich hier einsetze. Leinenvorhänge und bunte Kissen haben schöne textile Strukturen, während gerahmte Urlaubsfotos und selbst gestaltete Lampenschirme persönliche Akzente setzen.

Mit bunten Pompons
wirkt die einfache
Nachttischlampe
weniger streng.

RASSIGES ROSA (linke Seite) Zwei leuch-tend rosafarbene Kissen bringen einen kräftigen Schuss Farbe in dieses Schlafzimmer in einem spanischen Landhaus. Die Bauernmalerei auf dem Kopfteil und der Spitzenüberwurf tragen eine feminine Handschrift.

LEUCHTEND BUNTES LOFT (diese Seite) Dieses Kopenhagener Schlafzimmer beweist mit kräftigen Rostrot- und Smaragdgrüntönen, dass Farbe auch im Loft funktioniert. Der leuchtende Druck, die bunte Tagesdecke und die Lampe setzen sich prägnant von den weißen Wänden ab.

BUNT DRAPIERTE BETTEN

Das Bett ist in der Regel das größte Möbel im Schlafzimmer und bildet daher automatisch den Fokus des Raumes. Bei der Gestaltung geht es also darum, das Bett so zu dekorieren, dass es nicht nur aufgrund seines For-mats, sondern auch durch seinen Stil, seine Texturen und Farben die Hauptrolle übernimmt. Es gibt keine falsche oder richtige Art, das Schlaf-zimmer mit Farbe zu bereichern. Das ist immer eine Frage des persönli-chen Stils. Wenn Sie Kissen mögen, werden Sie die Kissenparade am Kopf-ende wahrscheinlich ständig neu arrangieren. Vielleicht legen Sie auch eine bunte Patchwork-Tagesdecke oder einen zarten Kaschmirüberwurf aufs Bett. Wenn Sie hierfür ein flauschiges Material wählen, versuchen Sie, den Rest des Raumes eher geradlinig zu halten. Eine hochwertige und ele-gante Tagesdecke braucht keine lauten Gegenspieler — mit ein paar schlichten, farbigen Accessoires und passenden Kunstobjekten können Sie Ihr Raumkonzept individuell und ohne großen Aufwand abrunden.

Nutzt man Farben und Muster auf mehreren Objekten eines Raumes, ist ansonsten eher sparsame und dezente Dekoration angesagt. Dies sorgt für einen inneren Zusammenhalt der farbigen Objekte, statt sie miteinander in Konkurrenz treten zu lassen.

FLOWER POWER (diese Seite) Der Star dieses Schlafzimmers in einem schwedischen Sommerhaus ist die historische Blumentapete. Der bunte Strücküberwurf und der gestreifte Läufer setzen moderne Akzente, der übrige Raum ist von vornehmer Zurückhaltung geprägt.

BUNTE KLEIDER (rechte Seite) Statt hübsche Kleider im Schrank zu verstecken, kann man sie auch als Dekoration zur Wirkung kommen lassen.

Eine der einfachsten Metho-
den, ein Schlafzimmer farbig
und dennoch ruhig zu gestalten, ist es, auf wohltuende
Farben wie sanfte Blautöne zu
setzen. Dabei bewährt sich
ein durchdachtes Konzept.
Wenn Sie die Wände in einem
lichten Himmelblau streichen
möchten, wählen Sie für das
Bett reinweiße Leinenwäsche
und fügen nur ein paar kleine
Farbakzente hinzu. Mit
cremeweißen Wänden hin-
gegen können Sie Möbel, Textilien und Accessoires in verschiedenen Blautönen quer
durch den Raum verteilen.
Die großen Flächen des Raumes bleiben farblos und un-
gemustert und sorgen so für
Ausgleich, sodass das Zimmer
insgesamt eine gelassene
Ausstrahlung hat.

FARBENFROHE TRÄUME
(linke Seite) Die holzvertäfelten
blauen Wände verleihen diesem
Schlafzimmer in Spanien eine beru-
higende Atmosphäre. Der zarte
Spitzenüberwurf wird durch die
rosa gestreifte Häkeldecke ins Hier
und Jetzt geholt.

KRÄFTIGE BLAUTÖNE
(oben) Dieses Schlafzimmer auf
Shelter Island ist mit Blau in unter-
schiedlichsten Schattierungen gestaltet. Die weißen Wände bilden
einen Ausgleich zu den kräftigen
Mustern und Tönen, während der
originelle Messingtisch einen
Hauch von Luxus hat.

NICHT NUR ZUR NACHT
(rechts) Der violette Sessel in diesem spanischen Schlafzimmer lädt
den Gast ein, den Raum nicht nur
zum Schlafen zu nutzen, sondern
hier entspannt zu verweilen.

BADEZIMMER

ERFRISCHENDE FARBSPRITZER

Trotz der großen Popularität von Wellnessbädern spielt das Badezimmer bei der Planung von Renovierungsarbeiten oftmals auch heute noch eine untergeordnete Rolle. Obwohl wir diesen Raum mehrfach am Tag nutzen, wird er in vielen Haushalten mit der Zeit zum unattraktiven Sammelplatz für Cremes, Shampoos und Badezusätze – mein Bad war da lange keine Ausnahme. Ohne Sorgfalt und ausreichend Stauraum verwandelt sich das Badezimmer so in einen Lagerraum, statt ein meditativer Ort zu sein. Wie ich träumen jedoch sicherlich viele davon, einen praktischen und dennoch einladenden Raum daraus zu machen. Schaffen Sie mit Aufbewahrungskörben ein effizientes Ordnungssystem und lassen Sie nur täglich genutzte Produkte offen stehen. Da ich schon in vielen Mietwohnungen gewohnt habe, bin ich darin geübt, auch den düstersten Nasszellen mit Farbe Leben einzuhauchen und zu verhindern, dass sie steril wirken. Dazu muss nicht das gesamte Bad bunt werden. Ein paar Farbakzente wie eine hübsche Vase, ein farbiger Korb und ein bunter Handtuchstapel reichen meist schon aus. Mit wenigen Handgriffen wird ein langweiliges Bad so zur freundlichen Wellnessoase.

SONNE BELEBT (unten) Spiegel, die das Tageslicht reflektieren, bilden ein Gegengewicht zu dunklen Wänden. Jonathan Adler hat das große Badezimmer seines Hauses auf Shelter Island mit selbst entworfenen, schwarzen Kacheln gestaltet. Die dunkle Wand ist ein effektvoller Hintergrund für seine originale Keramiksammlung.

AN DIE WAND GEMALT (rechte Seite) Dieser kunstvolle Schriftzug ist ein Werk von Dan Balgley. Das Oberlicht über der Dusche spendet reichlich Tageslicht.

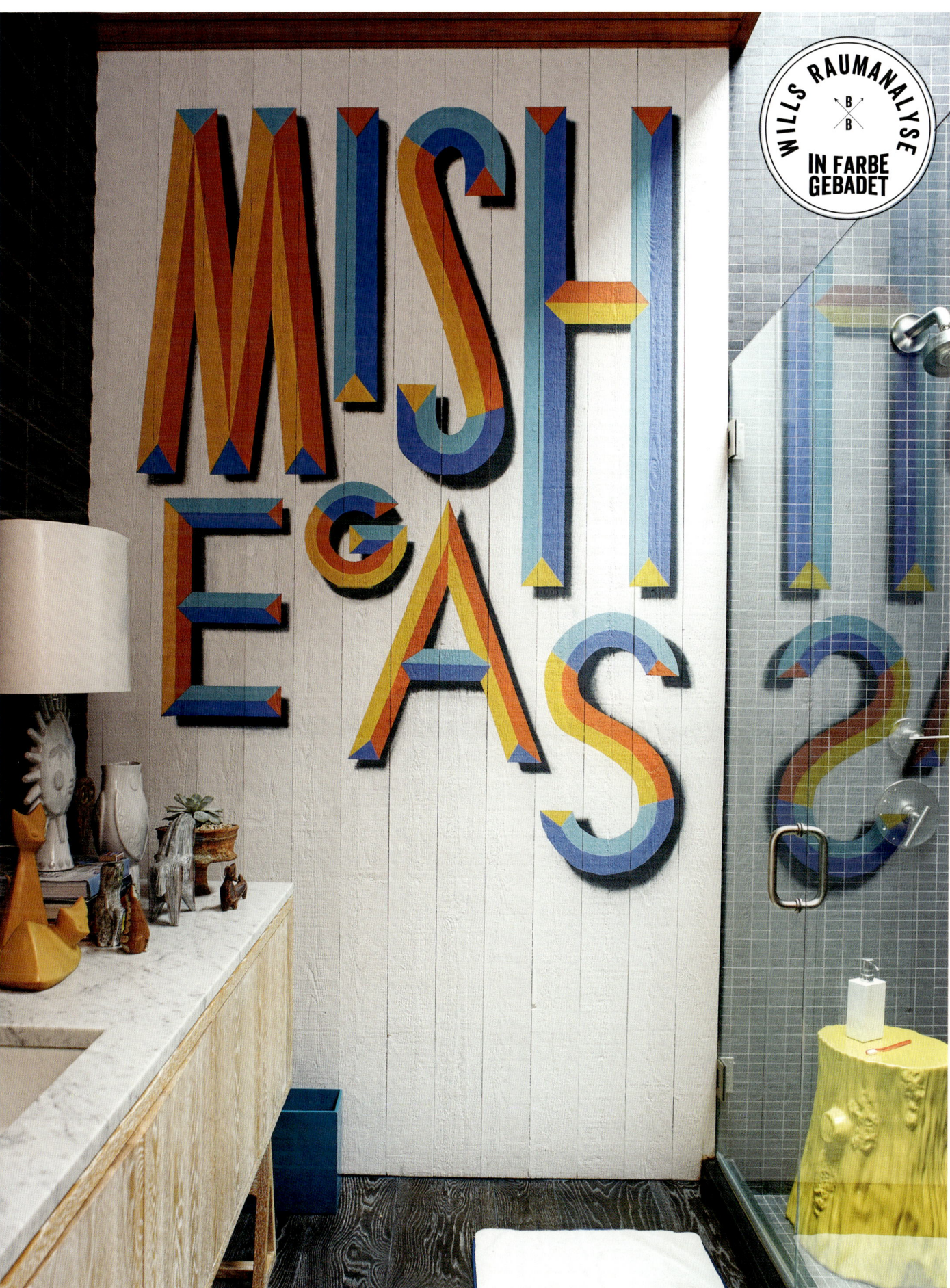

KINDERZIMMER

INDIVIDUELL GESTALTEN

In vielerlei Hinsicht sind Kinderzimmer die wichtigsten Räume einer Wohnung, denn in diesen vier Wänden bilden die Kleinen jene Persönlichkeit aus, mit der sie durchs Leben gehen. Erinnern Sie sich an Ihr eigenes Kinderzimmer? Bestimmt haben auch Sie die Wände mit den Postern Ihrer Lieblingsstars gepflastert und Medaillen und Pokale von Sportwettkämpfen stolz zur Schau gestellt. Es ist enorm wichtig, dass ein Kinderzimmer flexibel genug ist, sich seinem Bewohner und dessen wechselnden Interessen anzupassen. Das Zimmer sollte dem Kind auch die Möglichkeit lassen, eigene Ideen umzusetzen. Denken Sie zunächst praktisch und stellen Sie beispielsweise zwei Betten auf, denn Kinder lieben Übernachtungsbesuch von Freunden. In einem großen Zimmer ist das zweite Bett tagsüber ideal zum Faulenzen und Lesen. Als Nächstes gehen Sie das Thema Stauraum an. Sie meinen, Sie selbst besäßen viel zu viel? Dann haben Sie das Kinderzimmer womöglich lange nicht mehr unter die Lupe genommen. Die meisten quellen über von Dingen, die einen Platz brauchen. Der einfachste Trick ist eine Reihe bunter Boxen unter dem Bett. Sind sie eindeutig gekennzeichnet, erleichtern sie den Kindern die Suche nach dem Spielzeug und das Aufräumen. Auch die Einteilung des Raumes in verschiedene Bereiche – je nach Alter etwa eine Bastel- und eine Spielecke mit Sitzsäcken – ist eine gute Idee. Indem Sie ein Zimmer so einrichten, dass Ihre Kinder es als etwas Besonderes empfinden, geben Sie ihnen Raum, sich wohlzufühlen und sich zu entfalten.

SEITE AN SEITE (linke Seite) Das verspielt wirkende Gästezimmer in Jonathan Adlers und Simon Doonans Wochenendhaus ist ein gelungenes Beispiel dafür, wie stilvoll Blautöne und geometrische Muster wirken können.

MITREISSENDE MUSTER (oben) Heitere Muster bestimmen dieses Kinderzimmer in einem schwedischen Sommerhaus – von den tapezierten Wänden über die Patchwork-Tagesdecke und den gestreiften Flickenteppich bis hin zu den bunten Ordnungskörben unter dem Bett.

IM DOPPELPACK (Seiten 182–183) Dieses schwedische Kinderzimmer bietet nicht nur zwei Betten, sondern setzt auch auf zwei Basistöne – Blau und Grün. Damit entsteht ein ebenso lebendiges wie wohnliches Raumgefühl.

Kinderzimmer sind ideal,
um fröhliche Muster mit-
einander zu kombinieren,
die der Persönlichkeit des
Kindes entsprechen.

GEZIELT VERSPIELT

Wenn Sie das Kinderzimmer mit dem Nachwuchs zusammen gestalten, dürfen Sie auch Ihrem „inneren Kind" einmal freie Bahn geben. An dieser Stelle haben Sie die Gelegenheit und Erlaubnis, Ihrer Wohnung eine verspielte und witzige Note zu geben – nutzen Sie sie! Es gibt unzählige einfache Möglichkeiten, ein Kinderzimmer mit lustigen Details fröhlich und ausgelassen zu schmücken. Bunte Papier-Pompons beleben beispielsweise eine dunkle Zimmerecke, und es ist nicht schwer, aus bunten Stoffresten hübsche Kissenbezüge zu nähen – am besten personalisiert durch die Initialen oder das Lieblingstier des Juniors.

DER LETZTE SCHLIFF (linke Seite) Mit bunten Pompons aus Wolle an den Vorhang- und Kissenkanten und aus Papier an der Decke hat Fiona Douglas lustige Akzente in dem Kinderzimmer ihrer Glasgower Wohnung gesetzt.

PRÄCHTIGE PASTELL-TÖNE (diese Seite) Tapeten, Lampen und Stoffe in lichten Pastelltönen sorgen in diesem Gästezimmer in Norwegen für eine heitere, freundliche Grundstimmung.

Bei der Verwendung von
zwei kräftigen Farbtönen
können Muster einen Über-
gang vermitteln und die
Farben unauffällig puffern.
In diesem Zimmer schlagen
der gestreifte Teppich und
die geblümten Vorhänge
eine Brücke zwischen den
Farben.

FRÖHLICHE FARBEN
Limettengrüne Wände und
ein tiefblaues Bett – ein
Zimmer wie ein Pauken-
schlag. Leichtere Töne
stimmen Vorhänge und
Teppich an, sodass ein Zimmer zum Wohlfühlen ent-
steht.

ADRESSEN

★ ALLES UNTER EINEM DACH

DEBENHAMS Das Unternehmen kooperiert gelegentlich mit Designern und bietet deren Produkte im Rahmen von Sonderaktionen zu ungewöhnlich günstigen Preisen an. | **www.debenhams.de**

HABITAT Modernes Wohndesign und originelle Accessoires für alle Räume der Wohnung – zu erschwinglichen Preisen. | **www.habitat.de**

IKEA Preiswerte und leger-schicke Möbel und Accessoires für alle Wohnbereiche. Meine persönlichen Favoriten sind die hochwertigen Serien STOCKHOLM und PS. | **www.ikea.de**

JOHN LEWIS Saisonal wechselnde Kollektionen trendiger und anpassungsfähiger Designs, die sich gut in eine vorhandene Einrichtung integrieren lassen. Großes Angebot attraktiver Leuchten. Website in englischer Sprache, Lieferung europaweit. | **www.johnlewis.com**

MARKS & SPENCER Preiswerte Einrichtungsgegenstände aller Art. Besonders bemerkenswert ist die Conran-Interior-Kollektion. | **www.marksandspencer.de**

★ MÖBEL

ARTEK Das Unternehmen wurde ursprünglich zur Produktion von Entwürfen Alvar Aaltos gegründet. Heute werden auch andere moderne Designs angeboten. Einige Artikel sind im Webshop erhältlich. Website in finnischer und englischer Sprache. | **www.artek.fi**

B&B ITALIA Italienisches Möbeldesign. | **www.bebitalia.com**

BO CONCEPT Moderne Möbel aus Skandinavien. Händlersuchfunktion auf der Website. | **www.boconcept.com**

BRETZ BROTHERS Polstermöbel | **www.cultsofa.com**

BUTLERS Rustikale Möbel mit ländlichem Flair und Accessoires für Wohnung und Garten. Niederlassungen in verschiedenen Städten. | **www.butlers.de**

CAR-MÖBEL Möbel aus Holz, Korbgeflecht und Metall für drinnen und draußen. Unbehandelte Holzmöbel und Polstermöbel mit Weißbezug zum Selbstgestalten. | **www.car-moebel.de**

COUNTRY CHARME Möbel, Accessoires und Dekorationen für Haus und Garten, Geschirr mit nostalgischem Blumendekor. Schwerpunkt Country- und Vintage-Stil. | **www.country-charme.de**

COUNTRY GARDEN Möbel und Accessoires im Vintage-Stil | **www.country-garden.de**

DEPOT Moderne Möbel und Wohnaccessoires. | **www.depot-online.com**

DESIGN MANUFAKTUR Modernes, individuelles Möbeldesign. | **www.design-manufaktur.com**

DESIGN.S Individuelles Wohndesign. | **www.design-s.de**

FLY Trendige Möbel in starken Farben. | **www.fly.ch**

FORM EXCLUSIV Moderne Möbel. | **www.form-exclusiv.de**

FRANTA Möbelklassiker aus dem 20. Jahrhundert, skandinavisches Design. | **www.franta.de**

FRITZ HANSEN Moderne Klassiker und Design-Ikonen. | **www.fritzhansen.com**

GREEN LIVING Berliner Unternehmen, das anstrebt, Design und Ökologie in Einklang zu bringen. Das Sortiment umfasst u. a. Möbel aus gebrauchten Bodendielen. Onlineshop. | **www.green-living-berlin.de**

HAY Dänische Möbel im modernen Stil mit Anspielungen auf die 50er- und 60er-Jahre. Händler im deutschsprachigen Raum sind über die Suchfunktion auf der Website zu finden. | **www.hay.dk**

HOUSE DOCTOR Accessoires, Möbel und Textilien im skandinavischen Stil für die ganze Wohnung und den Garten. Klassisches und modernes Design. Zahlreiche Händler in Deutschland, Suchfunktion auf der Website. | **de.housedoctor.dk**

KOINORPOLSTERMÖBEL | **www.koinor.de**

LE MARRAKECH Orientalisches Möbelhaus, Originalfliesen, Kunsthandwerk, Accessoires. | **www.lemarrakech.de**

LOFT EINRICHTUNGSHAUS Moderne, eher sachliche Möbel. | **www.loft-einrichtungen.de**

MAISONS DU MONDE Die stilistische Bandbreite dieses Anbieters ist so groß, dass hier jeder etwas Passendes findet. | **www.maisonsdumonde.com/de**

MOROSO Italienischer Hersteller von schlichten, modernen Möbeln. Deutschsprachige Website mit Händlersuchfunktion. | **www.moroso.it**

NEUE WERKSTÄTTEN Möbel, Leuchten und Wohnaccessoires, Designklassiker. | **www.neue-werkstaetten.de**

NORDAL Schlichte Möbel und ebenso funktionales wie schönes Design für Haus und Garten. Händlersuchfunktion auf der Website. | **www.nordal.eu**

OCTOPUS Praktische, schlichte und trendige Möbel für alle Wohnbereiche. | **www.octopus-versand.de**

POPO Möbel und Wohnaccessoires von vielen renommierten internationalen Herstellern. | **www.popo.de**

SKAN DESIGN Modernes skandinavisches Design. | **www.skan-design.de**

★ FARBEN UND TAPETEN

5QM
Originaltapeten aus den 50er-, 60er- und 70er-Jahren. | **www.5qm.de**

ABSCHLIFF GMBH
Naturfarben (u. a. für Fußböden), Parkett. | **www.abschliff.de**

ANNIE SLOAN
Hochwertige Farben mit kreidiger Optik, gut geeignet zum Bemalen von Möbeln und Wohnaccessoires. Händler im deutschsprachigen Raum sind über eine Suchfunktion auf der Website zu finden.
| **www.anniesloan.com**

A. S. CRÉATION TAPETEN
| **www.as-creation.de**

AURO PFLANZENCHEMIE AG
Naturfarben, Faser-Effektputz und andere Materialien zur Wandgestaltung. | **www.auro.de**

DULUX
Erschwingliche Farben für alle Wohnstile und Einrichtungszwecke.
| **www.dulux.de**

FARROW & BALL
Klassische Farben, die an die britische Tradition des Unternehmens anknüpfen. Große Auswahl neutraler Töne und fein abgestimmter, kräftigerer Nuancen.
| **www.eu.farrow-ball.com**

JOHNNY TAPETE
Originaltapeten aus den 60er- und 70er-Jahren, Gardinen, Stoffe, Leuchten und mehr.
| **www.johnny-tapete.de**

JUICY WALLS
Materialien für die individuelle Wandgestaltung.
| **www.juicywalls.com**

KLEBEFIEBER
Designtapeten, Wandtattoos, Dekobuchstaben, Leinwandbilder.
| **www.klebefieber.de**

KREIDEZEIT NATURFARBEN GMBH
Ökologisch konsequente, voll deklarierte Farben und Materialien für die Oberflächenbehandlung und -gestaltung: Farben, Putze, Tafellack und mehr. | **www.kreidezeit.de**

LEINOS
Naturfarben mit kreidiger Optik.
| **www.leinos.de**

MINI MODERNS
Umweltfreundliche Farben, die auf die Wohnaccessoires und Tapeten des Unternehmens abgestimmt sind. Erhältlich über:
| **www.tapetenagentur.de**
| **www.minimoderns.com**

TAPETEN DER 70ER
Der Name ist Programm, viele geometrische Muster.
| **www.tapetender70er.de**

TAPETENMARKT.DE
Bietet u. a. Tapeten der Designerin Amy Butler an.
| **www.tapetenmarkt.de**

TIMOROUSBEASTIES
Textilien und Tapeten mit surrealen und teilweise provokativen Motiven, über: | **www.tapetenagentur.de**
| **www.timorousbeasties.com**

WALL AND IMAGE GMBH
Tapeten, Fototapeten, Wand-Tattoos, Poster. | **www.wallandimage.com**

WAND-GEWAND
Fototapeten nach Kundenvorlage.
| **www.wand-gewand.de**

★ WOHNACCESSOIRES UND LEUCHTEN

ANTHROPOLOGIE
Farbenfrohe, gemusterte Küchenutensilien und witzige Wohnaccessoires. | **de.anthropologie.eu**

BLOOMINGVILLE
Zeitloses und lässiges skandinavisches Wohndesign.
| **www.bloomingville.de**

LOUIS POULSEN
Designklassiker von Poul Henningsen, Arne Jacobsen, Verner Panton. Händlersuchfunktion auf der Website. | **www.louis-poulsen.com/de**

DAWANDA
Unikate, Handgemachtes und Vintage-Stücke von unabhängigen Anbietern. | **www.dawanda.de**

DRECKSTÜCKCHEN
Ungewöhnliche Fußmatten
| **www.dreckstueckchen.de**

ETSY
Unikate, Handgemachtes und Vintage-Stücke von unabhängigen Anbietern.| **www.etsy.de**

GREENGATE
Das dänische Unternehmen bietet online und im Einzelhandel Quilts, Kissen, Keramik und Wohnaccessoires in Pastellfarben und zarten Blumenmustern an. Händler im deutschsprachigen Raum sind über eine Suchfunktion auf der Website zu finden. | **www.greengate.dk**

HOMELY HOME
Kleinmöbel, Aufbewahrungslösungen, Textilien und Accessoires für Wohnung und Garten, Dekorationen.
| **www.homelyhome.de**

LENE BJERRE
Eines der führenden Unternehmen für Möbel, Wohntextilien und Accessoires in Dänemark. Bestellungen über die Website werden auch ins europäische Ausland geliefert. Teile des Sortiments sind im Einzelhandel erhältlich. | **www.lenebjerre.dk**

LUCEPLAN
Moderne Lampen, italienisches Design. Händlersuchfunktion auf der Website.| **www.luceplan.it**

MANUFACTUM
Möbel, Wohnaccessoires und Kleinigkeiten in traditionellem Stil und meist hochwertiger Verarbeitung. Onlineshop und Warenhäuser in verschiedenen Städten.
| **www.manufactum.de**

MOOOI
Außergewöhnliche Designleuchten aus den Niederlanden.
| **www.moooi.com**

MUJI
Onlineshop und Filialen in mehreren deutschen Großstädten.
| **www.muji.de**

NICO HEILMANN
Lichtobjekte| **www.lightobjects.ch**

PIP STUDIO
Das niederländische Unternehmen bietet im Onlineshop Wohntextilien, Nützliches für den Schreibtisch, Wohnaccessoires, Dekorationen, Aufbewahrungsboxen und mehr in Pastellfarben und schönen Blumenmustern. Website in englischer Sprache. Erhältlich auch über:
| **www.car-moebel.de.**
| **www.pipstudio.com/en**

RICE

Die dänische Designerin Charlotte Hedeman-Guéniau bietet in ihrem Unternehmen Wohnaccessoires und Haushaltsutensilien in frechen Farben an. Erhältlich in vielen deutschen Städten. Händler sind über eine Suchfunktion auf der Website zu finden.
| www.rice.dk

TIGER

Witziges, Praktisches und Buntes für die Wohnung. Niederlassungen in mehreren deutschen Städten. Website mit Händlersuchfunktion auch in deutscher Sprache. | www.tiger.dk

TOM DIXON

Eine meiner Lieblingsadressen für Leuchten, vor allem die Hängeleuchtenserie Beat. | www.tomdixon.net

TORQUATO

Wohnaccessoires in verschiedenen Stilrichtungen. | www.torquato.com

★ TEXTILIEN

BEMZ

Das schwedische Unternehmen bietet maßgeschneiderte Wechselbezüge für Ikea-Sofas an. Große Auswahl von Stoffen, auch Vorhänge.
| www.bemz.com

BY NORD

Attraktive dänische Stoffe, Wohntextilien und Kissen.
| www.bynord.com

CABBAGES AND ROSES

Stoffe und Wohntextilien mit Blumen- und anderen romantischen Mustern in nostalgisch-verblichenen Farben, außerdem Tapeten, Wohnaccessoires und Papierartikel.
| www.cabbagesandroses.com

CATH KIDSTON

Witzige, farbenfrohe Stoffe und Wohntextilien mit heimeliger Ausstrahlung. | www.cathkidston.de

CHARLOTTA'S

Zauberhafte Stoffe und mehr.
| www.charlottas.de

DAY BIRGER ET MIKKELSEN

Mode und Wohntextilien. Website in englischer Sprache. Onlineshop und Händlersuchfunktion.
| www.day.dk

DESIGNERS GUILD

Stoffe, Teppiche und Wohntextilien, oft mit viel Mut zur Farbe.
| www.designersguild.de

DONNA WILSON

Witzige Tierkissen für Kinder und Junggebliebene. Versand nach ganz Europa. | www.donnawilson.com

FARBENFREUNDE

Wohntextilien und Accessoires Onlineshop, Händlersuchfunktion.
| www.farbenfreunde.de

GUDRUN SJØDEN

Farbenfrohe Wohntextilien im skandinavischen Stil.
| www.gudrunsjoeden.de

H&M HOME

Preiswerte, trendige Wohntextilien für alle Wohnbereiche.
| www.hm.com

LAURA ASHLEY

Stoffe und Wohntextilien im traditionellen Stil. | www.lauraashley.de

LIBERTY

Große Auswahl an Stoffen und Wohntextilien – weit mehr als die klassischen „Liberty-Blümchen".
| www.liberty.co.uk

MARIMEKKO

Das finnische Unternehmen hat sich mit farbenfrohen Stoffen und plakativen Mustern weltweit einen Namen gemacht. Leinen und Baumwolle als Meterware, auch Fertigprodukte wie Bettwäsche, Handtücher, Tischdecken. Händler im deutschsprachigen Raum sind über die Suchfunktion auf der Website zu finden.
| www.marimekko.com

MARISKA MEIJERS

Die niederländische Künstlerin präsentiert einen beeindruckenden Mix aus farbenfrohen, interessanten Drucken sowie Kissen in verschiedenen Größen. Händler im deutschsprachigen Raum sind über die Suchfunktion auf der Website zu finden.
| www.mariskameijers.com

OSBORNE AND LITTLE

Das traditionsreiche britische Unternehmen bietet eine große Auswahl hochwertiger Stoffe in raffinierten Farben an. Händler im deutschsprachigen Raum sind über die Suchfunktion auf der Website zu finden.
| www.osborneandlittle.com

RETROSTOFFE

Wie der Name schon sagt …
| www.retrostoffe.de

STOFFKONTOR

Spezialität dieses Unternehmens ist Naturleinen. | www.stoffkontor.eu

URBAN OUTFITTERS

Teppiche mit farbstarken, grafischen Mustern. Buntes, Pastelliges, Junges und Witziges für die Wohnung. Onlineshop und Läden in mehreren deutschen Großstädten.
| www.urbanoutfitters.de

ZARA HOME

Feminine Bettwäsche, Kissen und Decken mit Blumen und anderen zarten Mustern. Bettwäsche aus reinem Leinen zu moderaten Preisen.
| www.zarahome.com

★ KUNST UND KUNST-HANDWERK

DEMOISELLE LIBELLULE

Moderne Fotokunst in Pastellfarben.
| www.demoi.de

ERDWERKE

Unikate aus Ton (Skulpturen und Gefäße). | www.erdwerke-artwork.de

JAN KOLLWITZ

Künstlerische Keramik in traditioneller japanischer Technik (Anagama).
| www.jankollwitz.de

KUNSTHANDWERKERPORTAL

Onlineverzeichnis mit über 5000 Einträgen von Kunsthandwerkern und Künstlern der verschiedensten Stilrichtungen in Deutschland, Österreich und der Schweiz.
| www.kunsthandwerkerportal.de

KVINDESMEDIEN

Drei Kunstschmiedinnen betreiben die Werkstatt. Kleinere Objekte sind im Onlineshop erhältlich, größere Stücke direkt in der Werkstatt in Kopenhagen (Mælkevejen 83, Christiania). | www.kvindesmedien.dk

SYLLOVES

Fotokunst

de.dawanda.com/shop/shabby-chic-by-s-gervais

★ BLOGS

Wer gern Blogs liest kennt die bunte Vielfalt, die im Internet zu entdecken ist. Darum verzichte ich darauf, meine Favoritenliste hier aufzuführen – sie wäre auch viel zu lang. Sie finden aber online auf | www.brightbazaarblog.com unter der Rubrik „Mr. Bazaar Reads" eine Auswahl von Blogs zu den Themen Wohnen, Essen und Trinken, Reisen, Fotografie und mehr. Schauen Sie sich um, vielleicht entdecken auch Sie einen neuen Favoriten.

★ DIE HAUSBESITZER

Jonathan Adler | USA
www.jonathanadler.com
Lisa von Baumgarten | Schweden
www.baumgartendimarco.com
www.lisavonbaumgarten.com
Fiona Douglas | Großbritannien
www.bluebellgray.com
Elisabeth Dunker | Schweden
www.shop.finelittleday.com
www.finelittleday.com
Nina Holst | Norwegen
www.stylizimo.com
www.stylizimoblog.com
Ingrid Jansen | Niederlande
www.woodwoolstool.com
www.woodwoolstool.blogspot.co.uk
Raina Kattleson | USA
www.rainakattelson.com |
www.astylistslife.com
Mariska Meijers | Niederlande
www.mariskameijers.com |
www.iusedtobesnowwhitebutidrifted.blogspot.nl
Javier Requejo | Spanien
www.estudionap.com
www.estudionap.blogspot.co.uk
Bradford Shellhammer | USA
www.fab.com
Will Taylor | Großbritannien
www.brightbazaarblog.com
Leif Thingtved | Dänemark
www.centralhotelogcafe.dk
Ingrid Aune Westrum | Norwegen
www.fjeldborg.no |
www.blog.fjeldborg.no
Anki Zilverblauw | Niederlande
www.zilverblauw.nl/shop |
www.zilverblauw.nl

Die Reisefotos für dieses Buch wurden mit einer Olympus PEN EP-L5 aufgenommen.

Alle anderen Fotos von Andrew Boyd, ausgenommen die folgenden:
Seite 19 oben: @ Dennis Frates / Alamy.

Seite 19 unten : Camera Press / Bauer Media / Chris Warnes.

Seite 57: Mark Roskams Photography.

4

WILLS VIERFACHER DANK

Nachdem ich nun ein Jahr lang geschrieben, Layouts entworfen, Schriften ausgesucht, Wohnungen besichtigt und gestaltet und Bilder bearbeitet habe, fühlt es sich fast schon unwirklich an, in meinem Büro zu sitzen und die letzte Seite meines Buches zu schreiben. Ich habe mir geschworen, alles zu geben, damit dieses Buch perfekt wird, und daran habe ich mich gehalten: Bei Fotoshootings in Skandinavien habe ich zwei Paar Socken durchgelaufen! Aber natürlich habe ich dieses Buch nicht allein geschaffen, daher möchte ich mich ganz herzlich bedanken:

★ **FANTASTISCHE FREUNDE** Zunächst danke ich Tobes, meiner besten Freundin und Verlobten. Danke für deine unbeirrte Unterstützung und dafür, dass du mich von der Arbeit weggeholt hast, um mit mir *Modern Family* anzuschauen! Ich danke aber auch meiner Familie und allen Freunden, die die Begeisterung für dieses Buch geteilt haben und mich stets aufgebaut haben, wenn mir Zweifel kamen.

★ **TOLLES TEAM** Danke an Jo Copestick und Jacqui Small für die Möglichkeit, das Buch zu erschaffen, das ich mir erträumt habe, und dafür, dass sie verstanden haben, worum es mir mit *Wohnen macht glücklich!* geht. Danke auch an Sian, Alex, Marta, Liz, Jessica, Sam und das gesamte Team bei Jacqui Small, die ihr Können zur Verfügung gestellt haben. Eine Umarmung für das US-Verlagsteam in New York – BJ, Courtney, Nick, Anne Marie, Alice und alle anderen – ich werde unser erstes Meeting im 10. Stock des Flatiron Building an einem wunderschönen Märztag nie vergessen! Dank an meine Star-Agentin Judy Linden, die sich von Anfang an für mich eingesetzt hat, für ihren Rat und ihre Klugheit – Telefonate mit ihr stimmen mich immer froh! Und auch an Paul Lowe, der mich Judy wärmstens empfohlen hat. Großer Dank gilt auch Smith & Gilmour, die meine Entwürfe und hingekritzelten Ideen umgesetzt haben. Schließlich geht ein herzliches Dankeschön an meinen Fotografen Andrew Boyd – ich habe nicht nur ein neues Buch, sondern auch einen neuen Freund. Die Arbeit mit Dir war eine Freude. Gemeinsam Pferde stehlen und aus mehr Flughafenbars Richtung Gate stürzen, als ich zählen kann – jedes Deiner Bilder weckt unzählige gute Erinnerungen – Danke!

★ **HILFREICHE HAUSBESITZER** Anki, Bradford, Elisabeth, Fiona, Ingrid A-W, Ingrid J, Javier, Jonathan, Lisa, Mariska, Nina und Raina – danke, dass ihr mich so herzlich in euren Häusern empfangen habt und meine Liebe zu Farben teilt.

★ **LOYALE LESER** Und schließlich ein riesiges Dankeschön an die Leser meines Blogs Bright.Bazaar und dieses Buches. Ich freue mich immer, von Ihren inspirierenden Farbabenteuern zu hören. Danke, dass Sie Mr. Bazaar folgen. Ein Hoch auf alle Farbverliebten dieser Welt!

SONNENUNTERGANG AUF SANTORIN
Im goldenen Licht des Sonnenuntergangs auf der griechischen Insel Santorin sitzend, dachte ich über die Abenteuer nach, die ich mit meinem ersten *Bright.Bazaar*-Buch erleben durfte.

DANKE AN ALLE TREUEN LESER VON
BRIGHTBAZAARBLOG.COM
Ihr
Mr. Bazaar